PAPST FRANZISKUS

Glaubwürdig

JAHRESLESEBUCH

2016

benno

GESEGNETES JAHR

Zu Beginn des neuen Jahres wünsche ich euch allen Frieden und alles Gute. Mein Glückwunsch ist der Wunsch der Kirche, es ist der christliche Wunsch! Er ist nicht an den etwas magischen und ein wenig fatalistischen Sinn eines neuen Zyklus gebunden, der beginnt. Wir wissen, dass die Geschichte einen Mittelpunkt hat: den menschgewordenen, gestorbenen und auferstandenen Jesus Christus, der unter uns lebt; sie hat ein Ziel: das Reich Gottes, Reich des Friedens, der Gerechtigkeit, der Freiheit in der Liebe; und sie hat eine Kraft, die sie hin zu jenem Ziel bewegt: diese Kraft ist der Heilige Geist. Wir alle haben den Heiligen Geist, den wir in der Taufe empfangen haben, und er drängt uns, auf dem Weg des christlichen Lebens voranzugehen, auf dem Weg der Geschichte, hin zum Reich Gottes.

2016

Allen wünsche ich ein Jahr des Friedens in der Gnade des Herrn und unter dem mütterlichen Schutz Mariens, die wir mit dem Titel »Mutter Gottes« anrufen.

Dieser Geist ist die Macht der Liebe, die den Schoß der Jungfrau Maria befruchtet hat; und es ist derselbe Geist, der die Pläne und die Werke aller Friedensstifter beseelt. Wo ein Mann oder eine Frau als Friedensstifter auftreten, ist es der Heilige Geist, der ihnen hilft, der sie drängt, Frieden zu stiften.

Angelusgebet am 1. Januar 2014

Freitag

JANUAR

01

NEUJAHR, GOTTESMUTTER MARIA
Wilhelm von Dijon, Clarus

DER HERR SEGNE DICH

Elisabet [sprach] ihren *Segen über die heilige Jungfrau* [...]: »Gesegnet bist du mehr als alle anderen Frauen, und gesegnet ist die Frucht deines Leibes. Wer bin ich, dass die Mutter meines Herrn zu mir kommt?« (Lk 1,42-43).
Dieser Segen steht *in Kontinuität mit dem priesterlichen Segen*, dessen Formel Gott dem Mose vorgegeben hatte, damit er sie an Aaron und an das ganze Volk weitergeben sollte: »Der Herr segne dich und behüte dich. Der Herr lasse sein Angesicht über dich leuchten und sei dir gnädig. Der Herr wende sein Angesicht dir zu und schenke dir Heil« (Num 6,24-26).

Predigt am Hochfest der Gottesmutter Maria am 1. Januar 2015

EMPFÄNGERIN DES SEGENS

Indem die Kirche das Hochfest der heiligen Gottesmutter Maria feiert, erinnert sie uns daran, dass Maria die erste Empfängerin dieses Segens ist. In ihr findet er seine Erfüllung: Tatsächlich hat kein anderes Geschöpf das Angesicht Gottes über sich leuchten gesehen wie Maria, die dem ewigen Wort ein menschliches Antlitz gegeben hat, so dass wir alle es betrachten können.

Predigt am Hochfest der Gottesmutter Maria am 1. Januar 2015

Sonntag

JANUAR **03** 2. SO. NACH WEIHNACHTEN
Irmina von Öhren, Adele

ENGE VERBINDUNG

Außer das Antlitz Gottes zu betrachten, können wir ihn auch loben und verherrlichen wie die Hirten, die mit einem Dankgesang von Betlehem zurückkehrten, nachdem sie das Kind und seine junge Mutter gesehen hatten (vgl. Lk 2,16.20). Mutter und Sohn waren zusammen, wie sie auf Golgota zusammen waren, denn *Christus und seine Mutter sind nicht voneinander zu trennen:* Zwischen ihnen besteht eine ganz enge Verbindung, wie zwischen jedem Kind und seiner Mutter.

Predigt am Hochfest der Gottesmutter Maria am 1. Januar 2015

MITTRAGEN

Das Fleisch Christi – der Angelpunkt unseres Heils (Tertullian) – wurde in Marias Schoß »gewoben« (vgl. Ps 139,13). Diese Untrennbarkeit kommt auch darin zum Ausdruck, dass Maria, die auserwählt war, die Mutter des Erlösers zu sein, seine gesamte Sendung innerlich mitgetragen hat, indem sie bis zum Ende auf dem Kalvarienberg an der Seite ihres Sohnes blieb.

Predigt am Hochfest der Gottesmutter Maria am 1. Januar 2015

Dienstag

JANUAR

05

Ämiliana (Emilie), Gerlach, Eduard

INNIGE VERBINDUNG

Maria ist so mit Jesus vereint, weil sie ihn mit dem Herzen und im Glauben kannte – eine Kenntnis, die von der mütterlichen Erfahrung und der innigen Verbindung mit ihrem Sohn gespeist wurde. Die heilige Jungfrau ist die Frau des Glaubens, die Gott in ihrem Herzen, in ihren Plänen Raum gegeben hat; sie ist die Glaubende, die fähig war, in dem Geschenk des Sohnes die Ankunft jener »Fülle der Zeit« (vgl. Gal 4,4) zu erfassen, in der Gott den demütigen Weg des menschlichen Daseins wählte, um persönlich in die Bahn der Heilsgeschichte einzutreten. Darum kann man Jesus nicht ohne seine Mutter verstehen.

Predigt am Hochfest der Gottesmutter Maria am 1. Januar 2015

AUF DEM WEG

Diese Sterndeuter weisen uns den Weg, den wir in unserem Leben gehen müssen. Sie suchten das wahre Licht: »*Lumen requirunt lumine*«, sagt ein liturgischer Hymnus zum Fest der Erscheinung des Herrn und bezieht sich dabei eigens auf die Erfahrung der Sterndeuter; »*Lumen requirunt lumine*«. Indem sie *einem* Licht folgen, suchen sie *das* Licht. Sie waren auf der Suche nach Gott. Als sie das Zeichen des Sterns sahen, haben sie es gedeutet und sind aufgebrochen, haben eine lange Reise zurückgelegt.
Der Heilige Geist ist es, der sie gerufen und gedrängt hat, sich auf den Weg zu machen; und auf diesem Weg sollte sich auch ihre persönliche Begegnung mit dem wahren Gott ereignen.

Predigt zur Erscheinung des Herrn am 6. Januar 2015

Donnerstag

JANUAR

07

Raimund von Peñafort, Valentin von Rätien, Sigrid, Reinhold, Knud

UMKEHR

Die Sterndeuter *sind ins Geheimnis eingedrungen*. Sie sind vom menschlichen Kalkül zum Mysterium übergegangen – und das war ihre Umkehr. Und unsere? Bitten wir den Herrn, dass er uns gewährt, den gleichen Weg der Umkehr zu erfahren, den sie erfahren haben. Dass er uns gegen die Versuchungen, die den Stern verbergen, verteidigt und uns von ihnen befreit. Dass wir stets die Unruhe haben, uns zu fragen: Wo ist der Stern?, wenn wir ihn inmitten der Täuschungen der Welt aus den Augen verloren haben.

Predigt zur Erscheinung des Herrn am 6. Januar 2015

Freitag

Severin von Noricum,
Erhard von Regensburg

08 JANUAR

IN DAS GEHEIMNIS EINDRINGEN

[Wir müssen] lernen, auf immer neue Weise das Geheimnis Gottes zu erkennen; dass wir keinen Anstoß nehmen an dem »Zeichen«, an dem Hinweis, an dem Zeichen, das von den Engeln genannt wurde: »ein Kind ... das, in Windeln gewickelt, in einer Krippe liegt« (Lk 2,12), und dass wir die Demut besitzen, seine Mutter – unsere Mutter – zu bitten, es uns zu zeigen. Dass wir den Mut finden, uns von unseren Illusionen, von unseren Dünkeln, von unseren »Lichtern« zu befreien, diesen Mut in der Demut des Glaubens suchen und wie die heiligen Sterndeuter dem wahren Licht – *Lumen* – begegnen können. Dass wir in das Geheimnis eindringen können. So sei es.

Predigt zur Erscheinung des Herrn am 6. Januar 2015

Samstag

JANUAR

09

Julian von Antinoë, Eberhard von Schäftlarn, Hadrian von Canterbury

DAS BEFREIENDE GESCHENK

Ich fordere euch auf, euren jungen Menschen nahe zu sein, die versuchen, in einer Zeit der Orientierungslosigkeit ihre Identität zu finden und zum Ausdruck zu bringen. Helft ihnen, ihr Ziel in der Herausforderung und Freude der Teilhabe an Gottes Schöpfung zu finden, die die Berufung zum Eheleben ist und im Kindersegen Erfüllung findet; oder auch in der zölibatären Berufung zum Weihepriestertum oder zum Ordensleben, die der Kirche für das Heil der Seelen geschenkt wurde. Ermutigt junge Katholiken, durch ein tugendhaftes Leben das befreiende Geschenk der Keuschheit als Erwachsene zu erfahren.

Ansprache an Bischöfe aus Sambia am 17. November 2014

LICHT DES GLAUBENS

Die Taufe fügt uns in den Leib der Kirche ein, in das heilige Volk Gottes. Und in diesem Leib, in diesem Volk auf dem Weg wird der Glaube von Generation zu Generation weitergegeben: Es ist der Glaube der Kirche. Es ist der Glaube Marias, unserer Mutter, der Glaube des heiligen Josef, des heiligen Petrus, des heiligen Andreas, des heiligen Johannes, der Glaube der Apostel und Märtyrer, der durch die Taufe bis zu uns gekommen ist: eine Kette der Weitergabe des Glaubens. Das ist sehr schön! Es bedeutet, das Licht des Glaubens von Hand zu Hand weiterzugeben.

Predigt zur Taufe des Herrn am 11. Januar 2015

Montag

JANUAR

11

Paulinus von Aquileja, Francesco A. Placidi

GEMEINSCHAFT MIT GOTT

[Die Taufe] ist also keine Formsache! Sie ist ein Vorgang, der unser Sein im Innersten berührt. Ein getauftes Kind ist nicht dasselbe wie ein ungetauftes Kind. Ein getaufter Mensch ist nicht derselbe wie ein ungetaufter Mensch. Durch die Taufe werden wir eingetaucht in jene unerschöpfliche Quelle des Lebens, die der Tod Jesu ist, der größte Akt der Liebe der ganzen Geschichte; und dank dieser Liebe können wir ein neues Leben führen, nicht mehr in der Gewalt des Bösen, der Sünde und des Todes, sondern in der Gemeinschaft mit Gott und mit den Brüdern.

Generalaudienz am 8. Januar 2014

Dienstag

12 JANUAR

Bernardo, Ernst, Tatjana von Rom

ERINNERUNGEN SAMMELN

Das Datum unserer Taufe zu kennen bedeutet, ein mit Freude verbundenes Datum zu kennen. Wenn wir es nicht kennen, laufen wir Gefahr, die Erinnerung zu verlieren an das, was der Herr an uns getan hat, die Erinnerung an das Geschenk, das wir empfangen haben. Dann betrachten wir es am Ende nur als ein Ereignis, das in der Vergangenheit geschehen ist – und nicht einmal durch unseren Willen, sondern durch den unserer Eltern – und das daher keinen Einfluss mehr auf die Gegenwart hat. Wir müssen die Erinnerung an unsere Taufe wieder wecken.

Generalaudienz am 8. Januar 2014

Mittwoch

JANUAR

13

Gottfried von Kappenberg,
Ivette von Huy (Jutta)

DIE TAUFE LEBEN

Wir sind aufgerufen, unsere Taufe jeden Tag zu leben, als gegenwärtige Wirklichkeit in unserem Dasein. Wenn es uns gelingt, Jesus nachzufolgen und in der Kirche zu bleiben, trotz unserer Grenzen, unserer Schwächen und unserer Sünden, dann eben aufgrund des Sakraments, in dem wir neue Schöpfung geworden sind und Christus angezogen haben. Denn kraft der Taufe sind wir, von der Erbsünde befreit, in die Beziehung Jesu mit Gott, dem Vater, eingegliedert, sind wir Träger einer neuen Hoffnung, denn die Taufe gibt uns diese neue Hoffnung: die Hoffnung, auf dem Weg des Heils zu gehen, das ganze Leben.

Generalaudienz am 8. Januar 2014

KRAFT DER TAUFE

Diese Hoffnung kann nichts und niemand auslöschen, denn die Hoffnung lässt nicht zugrunde gehen. Denkt daran: Die Hoffnung auf den Herrn lässt nie zugrunde gehen, sie enttäuscht uns niemals. Dank der Taufe sind wir in der Lage, zu vergeben und auch jene zu lieben, die uns beleidigen und die uns verletzen, und können wir in den Geringsten und in den Armen das Antlitz des Herrn erkennen, der zu uns kommt und uns nahe ist. Die Taufe hilft uns, im Antlitz der Bedürftigen, der Leidenden, auch unseres Nächsten, das Antlitz Jesu zu erkennen. All das ist möglich dank der Kraft der Taufe!

Generalaudienz am 8. Januar 2014

Arnold Janssen, Konrad II.,
Maurus von Subiaco, Romedius von Tavon

GNADE SCHENKEN

Denn wie das Leben von Generation zu Generation weitergegeben wird, so wird auch die Gnade von Generation zu Generation weitergegeben durch die Neugeburt aus dem Taufbecken, und mit dieser Gnade geht das Volk Gottes durch die Zeit, wie ein Fluss, der das Land bewässert und den Segen Gottes in der Welt verbreitet. Von dem Augenblick an, in dem Jesus das sagte, was wir im Evangelium gehört haben (vgl. Mt 3,13-17), sind die Jünger hingegangen, um zu taufen; und von jener Zeit bis heute gibt es eine Kette in der Weitergabe des Glaubens durch die Taufe.

Generalaudienz am 15. Januar 2014

DEN GLAUBEN WEITERGEBEN

Jeder von uns ist ein Glied dieser Kette: immer einen Schritt weiter, wie ein Fluss, der bewässert. So ist die Gnade Gottes, und so ist unser Glaube, den wir an unsere Söhne und Töchter, an die Kinder weitergeben müssen, damit sie, wenn sie einmal erwachsen sind, ihn ihren Kindern weitergeben können. So ist die Taufe. Warum? Weil die Taufe uns hineinstellt in das Gottesvolk, das den Glauben weitergibt. Das ist sehr wichtig. Ein Gottesvolk, das unterwegs ist und den Glauben weitergibt.

Generalaudienz am 15. Januar 2014

Sonntag

JANUAR

17

2. SO. IM JAHRESKREIS
Antonius der Große,
Beatrix von Cappenberg

TRAGENDE ROLLE

Kraft der Taufe werden wir zu »missionarischen Jüngern«, die berufen sind, das Evangelium in die Welt zu tragen (vgl. Apostolisches Schreiben Evangelii gaudium, 120). »Jeder Getaufte ist, unabhängig von seiner Funktion in der Kirche und dem Bildungsniveau seines Glaubens, aktiver Träger der Evangelisierung ... Die neue Evangelisierung muss ein neues Verständnis der tragenden Rolle eines jeden Getauften einschließen« (ebd.) – der tragenden Rolle aller, des ganzen Gottesvolkes, eine neue tragende Rolle jedes Getauften.

Generalaudienz am 15. Januar 2014

Montag

18 JANUAR

Margarete von Ungarn, Priska (Priscilla), Beatrix II. von Este

JÜNGER SEIN

Das Gottesvolk ist ein Volk von Jüngern – weil es den Glauben empfängt – und ein missionarisches Volk – weil es den Glauben weitergibt. Und das bewirkt die Taufe in uns. Sie schenkt uns die Gnade und gibt den Glauben weiter. Wir alle in der Kirche sind Jünger, und wir sind es immer, das ganze Leben lang; und wir alle sind Missionare, jeder an dem Platz, den der Herr ihm zugewiesen hat. Alle: Auch der Kleinste ist ein Missionar; und der, der größer erscheint, ist ein Jünger.

Generalaudienz am 15. Januar 2014

Dienstag

JANUAR

19

Henrik von Uppsala (Heinrich), Marius, Pia von Karthago

DER GLAUBE LEBT

Keiner erlöst sich allein. Wir sind eine Gemeinschaft von Gläubigen, wir sind das Gottesvolk, und in dieser Gemeinschaft erfahren wir die Schönheit, die Erfahrung einer Liebe miteinander zu teilen, die uns allen vorausgeht, uns aber gleichzeitig auffordert, »Kanäle« der Gnade füreinander zu sein, trotz unserer Grenzen und unserer Sünden. Die gemeinschaftliche Dimension ist nicht nur ein »Rahmen«, eine »Beigabe«, sondern sie ist ein wesentlicher Teil des christlichen Lebens, des Zeugnisses und der Evangelisierung. Der christliche Glaube entsteht und lebt in der Kirche, und in der Taufe feiern die Familien und die Pfarreien die Einfügung eines neuen Gliedes in Christus und seinen Leib, die Kirche (vgl. ebd., Nr. 175b).

Generalaudienz am 15. Januar 2014

Mittwoch

Fabian, Sebastian, Elisabeth von Füssenich,
Ursula Haider

20 JANUAR

GLIEDER DES GOTTESVOLKES

Das ist großartig: Das Gottesvolk gibt den Glauben weiter, tauft seine Kinder und geht voran. Und sie hatten, wenn auch im Geheimen, einen starken Gemeinschaftsgeist bewahrt, denn die Taufe hatte sie zu einem Leib in Christus gemacht: Sie waren isoliert und verborgen, aber sie blieben stets Glieder des Gottesvolkes, Glieder der Kirche. Wir können aus dieser Geschichte sehr viel lernen.

Generalaudienz am 15. Januar 2014

Donnerstag

JANUAR

21 Meinrad von Einsiedeln, Agnes von Rom (Ines)

ICH HALTE ZU PAULUS

Christus ist nicht zerteilt worden. Wir müssen jedoch aufrichtig und mit Schmerz erkennen, dass unsere Gemeinschaften auch weiterhin in Spaltungen leben, die ein Ärgernis sind. Die Spaltungen unter uns Christen sind ein Skandal. Es gibt kein anderes Wort: ein Skandal. »Jeder von euch«, schrieb der Apostel, »sagt: Ich halte zu Paulus – ich zu Apollos – ich zu Kephas – ich zu Christus« (1 Kor 1,12). Auch jene, die sich zu Christus als ihrem Haupt bekannten, werden von Paulus nicht mit Beifall bedacht, weil sie den Namen Christi benutzten, um sich innerhalb der christlichen Gemeinde von den anderen abzusetzen.

Generalaudienz am 22. Januar 2014

Vinzenz, Vinzenzo Pallotti, Lara Vicuña,
Walter von Bierbeek

TAUFE UND KREUZ

Der Name Christi schafft jedoch Gemeinschaft und Einheit, nicht Spaltung! Er ist gekommen, um Gemeinschaft unter uns zu schaffen, nicht um uns zu spalten. Die Taufe und das Kreuz sind zentrale Elemente der christlichen Jüngerschaft, die uns gemeinsam sind. Die Spaltungen dagegen schwächen die Glaubwürdigkeit und die Wirkkraft unserer Evangelisierungstätigkeit und bringen die Gefahr mit sich, das Kreuz Christi um seine Kraft zu bringen (vgl. 1 Kor 1,17).

Generalaudienz am 22. Januar 2014

Samstag

JANUAR

23 Heinrich Seuse,
Hartmut von St. Gallen

ERMUTIGUNG FÜR UNS

Paulus tadelt die Korinther für ihre Streitgespräche, aber er dankt auch dem Herrn »für die Gnade Gottes, die euch in Christus Jesus geschenkt wurde, dass ihr an allem reich geworden seid in ihm, an aller Rede und aller Erkenntnis« (1 Kor 1,4-5). Diese Worte des Paulus sind nicht einfach nur eine Formsache, sondern das Zeichen, dass er vor allem – und darüber freut er sich aufrichtig – die Gaben sieht, die Gott der Gemeinde geschenkt hat. Diese Haltung des Apostels ist eine Ermutigung für uns und für jede christliche Gemeinschaft, mit Freude die Gaben Gottes zu erkennen, die in anderen Gemeinschaften vorhanden sind.

Generalaudienz am 22. Januar 2014

Sonntag

TAUFFREUDE

Trotz des Leidens an den Spaltungen, die leider noch immer bestehen, wollen wir die Worte des Paulus als eine Einladung annehmen, uns aufrichtig zu freuen über die Gnaden, die Gott anderen Christen gewährt hat. Wir haben dieselbe Taufe, denselben Heiligen Geist, der uns die Gnade geschenkt hat: Das wollen wir erkennen und uns darüber freuen.

Generalaudienz am 22. Januar 2014

Montag

JANUAR

25

Bekehrung des Apostels Paulus, Wolfram, Titus Maria Horten

DEMUT LEBEN

Es ist schön, die Gnade zu erkennen, mit der Gott uns segnet, und darüber hinaus in anderen Christen etwas zu finden, das wir nötig haben, etwas, das wir als ein Geschenk annehmen könnten von unseren Brüdern und von unseren Schwestern. [...] Das erfordert viel Gebet, es erfordert Demut, es erfordert Nachdenken und ständige Umkehr. Gehen wir voran auf diesem Weg, indem wir für die Einheit der Christen beten, damit dieses Ärgernis schwinde und nicht mehr zwischen uns stehe.

Generalaudienz am 22. Januar 2014

Dienstag

Timotheus und Titus,
Paula von Rom, Albert

26 JANUAR

WEG DER BARMHERZIGKEIT

Der Weg der Kirche ist vom Jerusalemer Konzil an immer der Weg Jesu: der Weg der Barmherzigkeit und der Eingliederung. Das bedeutet nicht, die Gefahr zu unterschätzen oder die Wölfe in die Herde eindringen zu lassen, sondern den verlorenen Sohn aufzunehmen, entschieden und mutig die Verletzungen der Sünde zu heilen, sich die Ärmel aufzukrempeln und nicht darin zu verharren, passiv das Leiden der Welt zu beobachten. Der Weg der Kirche ist der, niemanden auf ewig zu verurteilen, die Barmherzigkeit Gottes über alle Menschen auszugießen, die sie mit ehrlichen Herzen erbitten.

Predigt zu den neuen Kardinälen am 15. Februar 2015

Mittwoch

JANUAR

27

Angela Merici, Gerhard von Kremsmünster, Julian von Le Mans

DIE LOGIK GOTTES

Der Weg der Kirche ist genau der, aus der eigenen Umzäunung herauszugehen, um in den grundlegenden Randgebieten der Existenz die Fernen aufzusuchen; der Weg, ganz und gar die Logik Gottes zu übernehmen und dem Meister zu folgen, der sagte: »Nicht die Gesunden brauchen den Arzt, sondern die Kranken. Ich bin gekommen, um die Sünder ... zu rufen, nicht die Gerechten« (Lk 5,31-32).

Predigt zu den neuen Kardinälen am 15. Februar 2015

JESUS BEFREIT

Indem Jesus den Aussätzigen heilt, fügt er keinem Gesunden Schaden zu, vielmehr befreit er ihn von der Angst; er setzt ihn nicht einer Gefahr aus, sondern schenkt ihm einen Bruder; er verachtet nicht das Gesetz, sondern achtet den Menschen, für den Gott das Gesetz gegeben hat. Tatsächlich befreit Jesus die Gesunden von der Versuchung des »älteren Bruders« (vgl. Lk 15,11-32) wie auch von der Last des Neids und dem Murren der Arbeiter, die »den ganzen Tag über die Last der Arbeit und die Hitze ertragen haben« (vgl. Mt 20,1-16).

Predigt zu den neuen Kardinälen am 15. Februar 2015

Freitag

JANUAR

29

Valerius von Trier,
Josef Freinademetz

GOTTES LIEBE

Die Liebe ist kreativ, wenn es darum geht, die richtige Sprache zu finden, um mit all denen Verbindung aufzunehmen, die als unheilbar und darum unberührbar angesehen werden. Die richtige Sprache finden ... Die Berührung ist die wirklich kommunikative Sprache, dieselbe affektive Sprache, die dem Aussätzigen die Heilung vermittelt hat. Wie viele Heilungen können wir vollbringen und vermitteln, wenn wir diese Sprache der Berührung lernen! Er war ein Aussätziger und ist ein Verkünder der Liebe Gottes geworden. Das Evangelium berichtet: »Der Mann aber ging weg und erzählte bei jeder Gelegenheit, was geschehen war« (Mk 1,45).

Predigt zu den neuen Kardinälen am 15. Februar 2015

Martina, Serena von Spoleto, Maria Ward,
Diethild, Adelgunde von Maubeuge

HINAUSGEHEN

Das ist die Logik Jesu, das ist der Weg der Kirche: nicht nur jene, die an unsere Tür klopfen, mit dem Mut, der dem Evangelium entspricht, aufnehmen und eingliedern, sondern hinausgehen, sich aufmachen und ohne Vorurteile und Angst die Fernstehenden suchen und ihnen gegenleistungsfrei das offenbaren, was wir selber gegenleistungsfrei empfangen haben. »Wer sagt, dass er in ihm [Christus] bleibt, muss auch leben, wie er gelebt hat« (1 Joh 2,6). Die rückhaltlose Verfügbarkeit im Dienst an den anderen ist unser Erkennungszeichen, ist unser einziger Ehrentitel!

Predigt zu den neuen Kardinälen am 15. Februar 2015

Sonntag

JANUAR

31

4. SO. IM JAHRESKREIS
Johannes Bosco, Marcella,
Hemma (Emma)

WAS IST DAS HIMMELREICH?

Jesus liegt nicht daran, es zu erklären. Er verkündet es von Beginn seines Evangeliums an: »Das Himmelreich ist nahe« – auch heute ist es nahe, unter uns –, dennoch zeigt er es nie direkt, sondern immer als Widerschein, indem er das Verhalten eines Hausherrn, eines Königs, von zehn Jungfrauen beschreibt … Er zieht es vor, es in Gleichnissen und Vergleichen erahnbar werden zu lassen, indem er vor allem dessen Auswirkungen zeigt: Das Himmelreich ist in der Lage, die Welt zu verändern wie der Sauerteig im Mehl; es ist klein und unscheinbar wie ein Senfkorn, aus dem dennoch ein großer Baum wird.

Predigt in Caserta am 26. Juli 2014

GOTTES GEGENWART

Das Reich Gottes wird in der Person Jesu selbst gegenwärtig. Er ist der verborgene Schatz, er ist die kostbare Perle. Die Freude des Bauern und des Kaufmanns ist verständlich: sie sind fündig geworden! Es ist die Freude eines jeden von uns, wenn wir die Nähe und Gegenwart Jesu in unserem Leben entdecken. Eine Gegenwart, die das Leben verwandelt und uns für die Nöte der Brüder offen sein lässt: eine Gegenwart, die uns einlädt, jede andere Gegenwart anzunehmen, auch die des Fremden und des Immigranten.

Predigt in Caserta am 26. Juli 2014

Dienstag

FEBRUAR

02

DARSTELLUNG DES HERRN
(MARIÄ LICHTMESS)
Dietrich, Alfred Delp

ETWAS WERTVOLLES FINDEN

Es ist eine aufnahmebereite Gegenwart, eine freudige Gegenwart, eine fruchtbare Gegenwart: so ist das Reich Gottes in uns. Ihr könntet mich fragen: *Wie findet man das Reich Gottes?* Jeder von uns hat einen besonderen Weg, jeder von uns geht im Leben seinen eigenen Weg. Für den einen ist die Begegnung mit Jesus erwartet, ersehnt, lange Zeit gesucht, wie es uns im Gleichnis vom Kaufmann gezeigt wird, der die Welt durchreist, um etwas Wertvolles zu finden.

Predigt in Caserta am 26. Juli 2014

Mittwoch

Blasius, Alois Andritzki, Ansgar von Hamburg-Bremen, Simeon und Hanna

03 FEBRUAR

GOTT BEGEGNEN

Bei anderen geschieht es plötzlich, fast zufällig, wie im Gleichnis vom Bauern. Das erinnert uns daran, dass man Gott immer begegnen kann, weil er allen voran derjenige ist, der sich danach sehnt, uns zu begegnen, und der als Erster eine Begegnung mit uns sucht: Er ist gekommen, um der »Gott mit uns« zu sein. Und Jesus ist unter uns, er ist heute hier. Er hat es gesagt: Wenn ihr in meinem Namen versammelt seid, dann bin ich unter euch.

Predigt in Caserta am 26. Juli 2014

Donnerstag

FEBRUAR

04

Rabanus Maurus, Veronika,
Gilbert, Christian von Himmerod

JESUS FINDEN

Der Herr ist hier, er ist bei uns, er ist mitten unter uns! Er ist es, der uns sucht, er ist es, der sich finden lässt auch von dem, der ihn nicht sucht. Manchmal lässt er sich an ungewöhnlichen Orten und zu unerwarteter Zeit finden. Wenn jemand Jesus findet, dann ist er fasziniert, ergriffen, und es ist eine Freude, unsere gewöhnliche, manchmal fruchtlose und apathische Lebensweise aufzugeben, um das Evangelium anzunehmen, um sich von einer neuen Logik der Liebe und des demütigen und uneigennützigen Dienstes leiten zu lassen.

Predigt in Caserta am 26. Juli 2014

Freitag

Agatha von Catania, Adelheid von Vilich (Elke), Elisabeth von Wertheim

05 FEBRUAR

DEN SCHATZ FINDEN

Der Kontakt mit dem Wort Jesu bringt uns dem Reich Gottes näher. Denkt daran: Ein kleines Evangelium immer in Reichweite, man öffnet es zufällig an einer Stelle und man liest, was Jesus sagt, und Jesus ist da. *Was tun, um das Reich Gottes zu besitzen?* In Bezug auf diesen Punkt ist Jesus sehr deutlich: die Begeisterung, die Freude der Entdeckung reichen nicht aus. Man muss die kostbare Perle des Gottesreiches allen anderen irdischen Gütern vorziehen; wir müssen Gott in unserem Leben an erste Stelle setzen, ihn allem anderen vorziehen.

Predigt in Caserta am 26. Juli 2014

Samstag

FEBRUAR 06

Paul Miki und Gefährten, Dorothea von Kappadokien, Reinhild, Hildegund

FREUND GOTTES SEIN

Gott den ersten Platz zu geben bedeutet, den Mut zu haben, nein zu sagen zum Bösen, nein zur Gewalt, nein zur Unterdrückung, um ein Leben im Dienst der anderen und zugunsten der Legalität und des Gemeinwohls zu leben. Wenn jemand Gott entdeckt, den wahren Schatz, dann gibt er den egoistischen Lebensstil auf und bemüht sich, die Liebe, die von Gott kommt, mit den anderen zu teilen. Wer Freund Gottes wird, der liebt die Brüder, setzt sich für den Schutz ihres Lebens und ihrer Gesundheit ein, auch indem er die Umwelt und die Natur achtet. Ich weiß, dass ihr unter diesen Dingen leidet.

Predigt in Caserta am 26. Juli 2014

DER WAHRE HEILAND

Jesus ist auf die Erde gekommen, um das Heil des ganzen Menschen und aller Menschen zu verkünden und zu verwirklichen, und zeigt dabei eine besondere Vorliebe für jene, die an Leib und Geist verletzt sind: die Armen, die Sünder, die Besessenen, die Kranken, die Ausgegrenzten. So offenbart er sich als Arzt sowohl der Seelen als auch des Leibes, als barmherziger Samariter des Menschen. Er ist der wahre Heiland: Jesus rettet, Jesus macht gesund, Jesus heilt.

Angelusgebet am 8. Februar 2015

ROSENMONTAG
Hieronymus Ämiliani, Josefina Bakita, Philipp Jeningen

DIE FRAGE NACH DEM WARUM

»Die Armen und Leidenden habt ihr immer bei euch«, mahnt Jesus (vgl. Mt 26,11). Die Kirche begegnet ihnen beständig auf ihrem Weg, und sie betrachtet die kranken Menschen als einen bevorzugten Weg, um Christus zu begegnen, um ihn anzunehmen und um ihm zu dienen. Einen Kranken pflegen, ihn annehmen, ihm dienen heißt, Christus zu dienen; der Kranke ist das Fleisch Christi. Dies geschieht auch in unserer Zeit, wenn das innere und das physische Leid der Menschen trotz der vielfältigen Errungenschaften der Wissenschaft drängende Fragen über den Sinn der Krankheit und des Schmerzes sowie über das Warum des Todes hervorruft.

Angelusgebet am 8. Februar 2015

Dienstag

FASTNACHT
Anna Katharina Emmerick,
Lampert von Neuwerk

09 FEBRUAR

KEHRT UM

Die österliche Bußzeit weckt uns mit seinen Appellen zur Umkehr in von der Vorsehung bestimmter Weise auf, sie schüttelt uns aus der Schläfrigkeit auf, von der Gefahr, aus Trägheit einfach nur so weiterzumachen. Die Mahnung, die der Herr durch den Propheten Joel an uns richtet, ist stark und klar: »Kehrt um zu mir von ganzem Herzen!« (Joel 2,12) Warum müssen wir zu Gott umkehren? Weil etwas in uns nicht richtig läuft, in der Gesellschaft, in der Kirche, und wir brauchen Veränderung, eine Kehrtwende, unsere Bekehrung! Erneut richtet die österliche Bußzeit an uns ihren prophetischen Appell, uns daran zu erinnern, dass ein Neuanfang möglich ist in uns und um uns herum, einfach weil Gott treu ist, weil er auch weiterhin reich an Güte und Barmherzigkeit ist ...

Predigt auf dem Aventin am 5. März 2014

Mittwoch

FEBRUAR

10

ASCHERMITTWOCH
Scholastika, Wilhelm der Große, Brun von Minden (Bruno)

WIRKLICHES FASTEN

Wir müssen uns davor hüten, ein rein formales Fasten zu praktizieren, das uns in Wahrheit »satt« macht, weil wir das Gefühl haben, wir seien in Ordnung. Das Fasten macht Sinn, wenn es wirklich unsere Sicherheit in Frage stellt und uns hilft, auch wenn es anderen zugutekommt, den Stil des Guten Samariters zu kultivieren, der sich dem Bruder in Not zuwendet und sich seiner annimmt. Das Fasten schließt ein bescheidenes Leben ein, das nicht verschwendet oder »wegwirft«. Fasten hilft uns, das Herz für die Wesentlichkeit zu trainieren und für das Teilen. Es ist ein Zeichen für die eigene Bewusstwerdung und für das Übernehmen von Verantwortung angesichts der Ungerechtigkeiten, der Gewaltakte, besonders gegenüber den Armen und Kleinen, und es ist ein Zeichen für das Vertrauen, das wir in Gott und seine Vorsehung setzen.

Predigt auf dem Aventin am 5. März 2014

NICHT GLEICHGÜLTIG SEIN

Die österliche Bußzeit ist eine Zeit der Erneuerung für die Kirche, für die Gemeinschaften wie für die einzelnen Gläubigen. Vor allem aber ist sie eine »Zeit der Gnade« (2 Kor 6,2). Gott verlangt nichts von uns, das er uns nicht schon vorher geschenkt hätte: »Wir wollen lieben, weil er uns zuerst geliebt hat« (1 Joh 4,19). Er ist uns gegenüber nicht gleichgültig. Jeder von uns liegt ihm am Herzen, er kennt uns beim Namen, sorgt sich um uns und sucht uns, wenn wir uns von ihm entfernen. Jedem Einzelnen von uns gilt sein Interesse; seine Liebe hindert ihn, gleichgültig gegenüber dem zu sein, was uns geschieht.

Botschaft zur österlichen Bußzeit 2015 am 4. Oktober 2014

Freitag

FEBRUAR 12 Benedikt von Aniane, Gregor II.

GLEICHGÜLTIGKEIT ÜBERWINDEN

Es kommt allerdings vor, dass wir, wenn es uns gut geht und wir uns wohl fühlen, die anderen gewiss vergessen (was Gott Vater niemals tut); dass wir uns nicht für ihre Probleme, für ihre Leiden und für die Ungerechtigkeiten interessieren, die sie erdulden … Dann verfällt unser Herz der Gleichgültigkeit: Während es mir relativ gut geht und ich mich wohl fühle, vergesse ich jene, denen es nicht gut geht. Diese egoistische Haltung der Gleichgültigkeit hat heute ein weltweites Ausmaß angenommen, so dass wir von einer Globalisierung der Gleichgültigkeit sprechen können. Es handelt sich um einen Missstand, dem wir als Christen begegnen müssen.

Botschaft zur österlichen Bußzeit 2015 am 4. Oktober 2014

Samstag

13 FEBRUAR

Jordan von Sachsen, Christina von Spoleto, Gisela von Veltheim

DEN GLAUBEN BEZEUGEN

Die Gleichgültigkeit gegenüber dem Nächsten und gegenüber Gott ist eine reale Versuchung auch für uns Christen. Wir haben es daher in jeder österlichen Bußzeit nötig, den Ruf der Propheten zu hören, die ihre Stimme erheben und uns wachrütteln.
Gott ist die Welt nicht gleichgültig, er liebt sie so sehr, dass er seinen Sohn für die Rettung jedes Menschen hingibt. In der Menschwerdung, im irdischen Leben, im Tod und in der Auferstehung des Sohnes Gottes öffnet sich ein für alle Mal die Tür zwischen Gott und Mensch, zwischen Himmel und Erde. Und die Kirche ist gleichsam die Hand, die diese Tür offenhält, indem sie das Wort verkündet, die Sakramente feiert und den Glauben bezeugt, der in der Liebe wirksam ist (vgl. Gal 5,6).

Botschaft zur österlichen Bußzeit 2015 am 4. Oktober 2014

Sonntag

FEBRUAR

14

1. FASTENSONNTAG
VALENTINSTAG
Cyrill und Method, Valentin von Terni

SICH NICHT VERSCHLIESSEN

Dennoch neigt die Welt dazu, sich in sich selbst zu verschließen und diese Tür zufallen zu lassen, durch die Gott in die Welt und die Welt zu Gott kommt. So darf sich die Hand, die die Kirche ist, niemals wundern, wenn sie zurückgewiesen, eingezwängt und verletzt wird.
Das Volk Gottes bedarf daher einer Erneuerung, um nicht gleichgültig zu werden und um sich nicht in sich selbst zu verschließen.

Botschaft zur österlichen Bußzeit 2015 am 4. Oktober 2014

Siegfried von Växjö, Claude de la Columbiere,
Drutmar von Corvey

CHRISTUS GEHÖREN

Die österliche Bußzeit ist eine geeignete Zeit, um sich von Christus dienen zu lassen und so wie er zu werden. Das geschieht, wenn wir das Wort Gottes hören und die Sakramente, insbesondere die Eucharistie, empfangen. Durch diese werden wir das, was wir empfangen: Leib Christi. In diesem Leib findet jene Gleichgültigkeit, die sich so oft unserer Herzen zu bemächtigen scheint, keinen Raum. Denn wer Christus gehört, gehört einem einzigen Leib an, und in ihm begegnet man einander nicht mit Gleichgültigkeit. »Wenn darum ein Glied leidet, leiden alle Glieder mit; wenn ein Glied geehrt wird, freuen sich alle anderen mit ihm« (1 Kor 12,26).

Botschaft zur österlichen Bußzeit 2015 am 4. Oktober 2014

Dienstag

FEBRUAR

16 Juliana von Nikomedien, Simon von Metz, Philippa Mareri, Elias

»MACHT EUER HERZ STARK« (JAK 5,8)

Auch wir als Einzelne sind der Versuchung der Gleichgültigkeit ausgesetzt. Wir sind von den erschütternden Berichten und Bildern, die uns das menschliche Leid erzählen, gesättigt und verspüren zugleich unser ganzes Unvermögen einzugreifen. Was können wir tun, um uns nicht in diese Spirale des Schreckens und der Machtlosigkeit hineinziehen zu lassen?
Wir können in der Gemeinschaft der irdischen und der himmlischen Kirche beten. Unterschätzen wir nicht die Kraft des Gebetes von so vielen!

Botschaft zur österlichen Bußzeit 2015 am 4. Oktober 2014

Mittwoch

Alexis Falconieri (Alex), Finan von Lindisfarne (Finn), Bonosus von Trier

17 FEBRUAR

ZEICHEN DER LIEBE

Wir können mit Gesten der Nächstenliebe helfen und dank der zahlreichen Hilfswerke der Kirche sowohl die Nahen als auch die Fernen erreichen. Die österliche Bußzeit ist eine geeignete Zeit, um dieses Interesse dem anderen gegenüber mit einem vielleicht auch nur kleinen, aber konkreten Zeichen unserer Teilnahme am gemeinsamen Menschsein zu zeigen.

Botschaft zur österlichen Bußzeit 2015 am 4. Oktober 2014

Donnerstag

FEBRUAR

18

Simon von Jerusalem,
Constantia (Konstanze), Alexander

DER VERSUCHUNG WIDERSTEHEN

Das Leid des anderen ist ein Aufruf zur Bekehrung, weil das Bedürfnis des Bruders mich an die Zerbrechlichkeit meines eigenen Lebens, an meine Abhängigkeit von Gott und von den Mitmenschen erinnert. Wenn wir demütig die Gnade Gottes erbitten und die Grenzen unserer Möglichkeiten annehmen, dann werden wir auf die unendlichen Möglichkeiten vertrauen, die die Liebe Gottes in sich birgt. Und wir werden der teuflischen Versuchung widerstehen, die uns glauben macht, wir könnten uns selbst und die Welt ganz alleine retten.

Botschaft zur österlichen Bußzeit 2015 am 4. Oktober 2014

»HERZENSBILDUNG«

Um die Gleichgültigkeit und unseren Allmachtswahn zu überwinden, möchte ich alle darum bitten, diese österliche Bußzeit als einen Weg der »Herzensbildung« zu gehen, wie Benedikt XVI. sich ausdrückte (Enzyklika Deus caritas est, 31). Ein barmherziges Herz zu haben, bedeutet nicht ein kraftloses Herz zu haben. Wer barmherzig sein will, braucht ein starkes, ein festes Herz, das für den Versucher verschlossen, für Gott aber offen ist. Ein Herz, das sich vom Heiligen Geist durchdringen und auf die Wege der Liebe führen lässt, die zu den Brüdern und Schwestern führen. Im Grunde ein armes Herz, das um die eigene Armut weiß und sich für den anderen hingibt.

Botschaft zur österlichen Bußzeit 2015 am 4. Oktober 2014

Samstag

FEBRUAR

20

Jordan Mai, Falko von Tongern,
Pierre Romancon

GROSSMÜTIGES HERZ

Deswegen, liebe Brüder und Schwestern, möchte ich mit euch in dieser österlichen Bußzeit Christus bitten: »Fac cor nostrum secundum cor tuum – Bilde unser Herz nach deinem Herzen« (Gebetsruf aus der Herz-Jesu-Litanei). Dann werden wir ein starkes und barmherziges, waches und großmütiges Herz haben, das sich nicht in sich selbst verschließt und nicht in den Schwindel der Globalisierung der Gleichgültigkeit verfällt.

Botschaft zur österlichen Bußzeit 2015 am 4. Oktober 2014

Sonntag

2. FASTENSONNTAG
Petrus Damiani, Irene von Rom,
Germanus von Granfelden

21 FEBRUAR

NICHTS OHNE IHN

Wer sich nicht täglich von der Speise Jesu Christi ernährt, wird ein Bürokrat (ein Formalist, ein Funktionalist, ein bloßer Angestellter): eine Rebe, die austrocknet und allmählich stirbt und weggeworfen wird. Das tägliche Gebet, der regelmäßige Empfang der Sakramente – besonders der Eucharistie und des Bußsakramentes –, der tägliche Kontakt mit dem Wort Gottes und die in gelebte Nächstenliebe übersetzte Spiritualität sind die lebenswichtige Nahrung für jeden von uns. Möge uns allen klar sein, dass wir ohne ihn nichts tun können (vgl. Joh 15,5).

Ansprache an die Römische Kurie am 22. Dezember 2014

Montag

FEBRUAR

22 Kathedra Petri, Isabella von Frankreich, Margareta von Cortona

GEMEINSCHAFTLICHES MITEINANDER

Daraus ergibt sich, dass die lebendige Beziehung zu Gott auch die Gemeinschaft mit den anderen nährt und stärkt, das heißt, je inniger wir mit Gott verbunden sind, desto mehr sind wir untereinander geeint, denn der Geist Gottes eint, und der Geist des Bösen trennt.
Wir sind berufen, uns zu bessern, uns ständig zu bessern und an gemeinschaftlichem Miteinander, Heiligkeit und Weisheit zuzunehmen, um ihre Aufgabe gänzlich zu erfüllen [vgl. Apostolische Konstitution Pastor Bonus Art. 1; CIC can. 360]. Und doch sind wir – wie jeder menschliche Leib – auch Krankheiten, Funktionsstörungen und Gebrechen ausgesetzt. Und hier möchte ich einige dieser möglichen Krankheiten erwähnen.

Ansprache an die Römische Kurie am 22. Dezember 2014

Dienstag

Otto von Cappenberg,
Romana von Todi

23 FEBRUAR

NACH DEM BEISPIEL DER WÜSTENVÄTER

Es sind Krankheiten und Versuchungen, die unseren Dienst für den Herrn schwächen. Ich glaube, dass der »Katalog« der Krankheiten, von dem wir heute sprechen wollen – ein Katalog nach dem Beispiel der Wüstenväter, die solche Kataloge aufstellten –, uns hilfreich sein wird: Er wird uns helfen, uns auf das Sakrament der Versöhnung vorzubereiten.

Ansprache an die Römische Kurie am 22. Dezember 2014

Mittwoch

FEBRUAR

24

Apostel Matthias, Engelbert,
Ida, Irmengard

UNENTBEHRLICH?

Die Krankheit, sich »unsterblich«, »immun« oder sogar »unentbehrlich« zu fühlen und so die notwendigen und üblichen Kontrollen zu unterlassen. Jemand, der keine *Selbstkritik* übt, sich nicht fortbildet, nicht versucht, sich zu bessern, ist ein kranker Leib. Es ist die Krankheit des törichten Reichen aus dem Evangelium, der dachte, ewig zu leben (vgl. Lk 12,13-21), und auch derer, die sich in Gebieter verwandeln und sich allen übergeordnet und nicht im Dienst aller fühlen.

Ansprache an die Römische Kurie am 22. Dezember 2014

Donnerstag

Walburga von Heidenheim,
Luigi Versiglia

25 FEBRUAR

DAS BILD GOTTES SEHEN

Sie beruht oft auf der Pathologie der Macht, auf dem »Komplex der Erwählten«, auf dem Narzissmus, der leidenschaftlich auf das eigene Bild schaut und nicht das Bild Gottes sieht, das dem Angesicht der anderen, besonders der Schwächsten und der am meisten Bedürftigen, eingeprägt ist [vgl. Apostolisches Schreiben Evangelii gaudium, 197-201]. Das Gegenmittel gegen diese Epidemie ist die Gnade, sich als Sünder zu fühlen und aus ganzem Herzen zu sagen: »Wir sind unnütze Sklaven; wir haben nur unsere Schuldigkeit getan« (Lk 17,10).

Ansprache an die Römische Kurie am 22. Dezember 2014

Freitag

FEBRUAR

26

Mechthild von Sponheim, Dionysius von Augsburg, Ulrich von Obermarchtal

MARTALISMUS

Eine weitere Krankheit ist der »Martalismus« (von Marta abgeleitet), der übertriebene Fleiß: die Krankheit derer, die sich in die Arbeit versenken und dabei unvermeidlich »das Bessere« vernachlässigen, nämlich sich Jesus zu Füßen zu setzen (vgl. Lk 10,38-42). Darum hat Jesus seine Jünger aufgefordert, »ein wenig auszuruhen« (vgl. Mk 6,31). Die nötige Ruhe zu vernachlässigen, führt nämlich zu Stress und Rastlosigkeit.

Ansprache an die Römische Kurie am 22. Dezember 2014

»ALLES HAT SEINE STUNDE«

Die Zeit der Ruhe ist für den, der seine Aufgabe vollendet hat, eine Notwendigkeit und eine Pflicht; sie muss ernsthaft eingehalten werden, indem man ein wenig Zeit mit den Angehörigen verbringt und die Ferien als einen Moment des geistlichen und körperlichen Kraftschöpfens achtet. Man muss lernen, was Kohelet lehrt: »Alles hat seine Stunde. Für jedes Geschehen unter dem Himmel gibt es eine bestimmte Zeit« (3,1).

Ansprache an die Römische Kurie am 22. Dezember 2014

3. FASTENSONNTAG
Roman von Condat (Roman), Silvana

VERSTEINERT?

Es gibt auch die Krankheit der geistigen und geistlichen »Versteinerung«: die Krankheit derer, die ein Herz von Stein haben und »halsstarrig« sind (vgl. Apg 7,51); die unterwegs die innere Gelassenheit, die Lebendigkeit und die Kühnheit verlieren, sich hinter den Schriftstücken verstecken und *»Aktenbearbeitungsmaschinen«* werden anstatt *»Gottesmänner«* (vgl. Hebr 3,12).

Ansprache an die Römische Kurie am 22. Dezember 2014

Montag

Oswald von Worcester,
Antonia von Florenz

29 FEBRUAR

GESINNT WIE JESUS

Es ist gefährlich, die menschliche Sensibilität zu verlieren, die notwendig ist, um zu weinen mit den Weinenden und sich zu freuen mit den Fröhlichen! Es ist die Krankheit derer, die die *»Gesinnung Jesu«* verlieren (vgl. Phil 2,5), weil ihr Herz sich im Laufe der Zeit verhärtet und unfähig wird, den himmlischen Vater und den Nächsten bedingungslos zu lieben (vgl. Mt 22,34-40). Christ sein bedeutet nämlich »so gesinnt sein wie Christus Jesus« (vgl. Phil 2,5), mit einer inneren Haltung der Demut und der Hingabe, der Loslösung und der Großmut [vgl. Benedikt XVI., Katechese in der Generalaudienz, 1. Juni 2005].

Ansprache an die Römische Kurie am 22. Dezember 2014

Dienstag

MÄRZ 01 Teresa Estochio Verzieri, Albin, David von Menevia, Roger

DEN HEILIGEN GEIST ZÄHMEN?

Die Krankheit der Planungswut und des Funktionalismus: wenn der Apostel alles minuziös genau plant und glaubt, dass mit einer perfekten Planung die Dinge wirklich vorankommen, er aber auf diese Weise ein Buchhalter wird oder ein Betriebswirt. Alles gut vorzubereiten ist notwendig, aber ohne in Versuchung zu geraten, die Freiheit des Heiligen Geistes einschließen und steuern zu wollen, die stets größer und großzügiger ist als alles menschliche Planen (vgl. Joh 3,8). Tatsächlich erweist sich die Kirche in dem Maß treu gegenüber dem Heiligen Geist, in dem sie nicht den Anspruch erhebt, ihn zu regeln und zu zähmen … Er ist Frische, Fantasie, Neuheit« [Homilie in der Eucharistiefeier, Istanbul].

Ansprache an die Römische Kurie am 22. Dezember 2014

KOMMANDIEREN?

Die Krankheit der schlechten Koordination: wenn die Glieder nicht mehr gemeinschaftlich miteinander verbunden sind und der Leib seine harmonische Funktionsfähigkeit und sein Maß verliert. Dann wird er zu einem Orchester, das nur Lärm hervorbringt, weil seine Glieder nicht zusammenspielen und keinen Gemeinschafts- und Teamgeist leben. Wenn der Fuß zum Arm sagt: »Ich brauche dich nicht«, oder die Hand zum Kopf: »Ich führe das Kommando« und auf diese Weise Unbehagen verursacht und Anstoß erregt.

Ansprache an die Römische Kurie am 22. Dezember 2014

Donnerstag

MÄRZ **03** Kunigunde, Friedrich, Katharina Maria Drexel

HANDELN WIR AUTONOM?

Es gibt auch die Krankheit des »geistlichen Alzheimer«: das Vergessen der eigenen »Heilsgeschichte«, der persönlichen Geschichte mit dem Herrn, der »ersten Liebe« (Offb 2,4). Es handelt sich um einen fortschreitenden Verfall der spirituellen Fähigkeiten, der früher oder später zu schweren Behinderungen des Menschen führt und ihn unfähig werden lässt, autonom zu handeln, da er in einem Zustand absoluter Abhängigkeit von seinen oft unwirklichen Vorstellungen lebt.

Ansprache an die Römische Kurie am 22. Dezember 2014

Freitag

Kasimir von Polen, Rupert,
Walburga von Neuenheerse

04 MÄRZ

SICH NICHT VERSCHLIESSEN

Wir sehen das bei denen, die die Erinnerung an ihre Begegnung mit dem Herrn verloren haben; bei denen, die nicht das »deuteronomische« Lebensgefühl haben; bei denen, die völlig von ihrer Gegenwart, von ihren Leidenschaften, Launen und Fixierungen abhängen; bei denen, die sich mit Mauern umgeben und sich in Gewohnheiten verschließen und so immer mehr zu Sklaven der Götzenbilder werden, die sie mit eigener Hand geschaffen haben.

Ansprache an die Römische Kurie am 22. Dezember 2014

Samstag

MÄRZ **05** Thietmar von Minden (Dietmar), Oliva von Brescia

EITELKEIT?

Die Krankheit der Rivalität und der Eitelkeit: wenn die äußere Erscheinung, die Farbe der Talare und die Ehrenabzeichen zum vorrangigen Lebensziel werden und man die Worte des heiligen Paulus vergisst: »... dass ihr nichts aus Ehrgeiz und nichts aus Prahlerei tut. Sondern in Demut schätze einer den andern höher ein als sich selbst. Jeder achte nicht nur auf das eigene Wohl, sondern auch auf das der anderen« (Phil 2,3-4). Es ist die Krankheit, die uns zu unaufrichtigen Menschen werden lässt und uns dazu führt, einen vorgespielten Mystizismus und einen vorgespielten »Quietismus« zu leben. Der heilige Paulus selbst definiert sie »Feinde des Kreuzes Christi«, denn »ihr Ruhm besteht in ihrer Schande; Irdisches haben sie im Sinn« (Phil 3,18.19).

Ansprache an die Römische Kurie am 22. Dezember 2014

IN PARALLELWELTEN LEBEN?

Die Krankheit der existenziellen Schizophrenie. Es ist die Krankheit derer, die ein Doppelleben führen, Frucht der typischen Heuchelei des Mittelmäßigen und der fortschreitenden spirituellen Leere, die durch Diplome und akademische Titel nicht gefüllt werden kann. Eine Krankheit, die häufig diejenigen befällt, welche den pastoralen Dienst aufgeben, sich auf die bürokratischen Angelegenheiten beschränken und so den Kontakt zur Wirklichkeit, zu den konkreten Menschen verlieren. Auf diese Weise schaffen sie sich eine Parallelwelt, in der sie alles beiseiteschieben, was sie in Strenge die anderen lehren, und beginnen, ein verborgenes, oft ausschweifendes Leben zu führen. Für diese äußerst schwere Krankheit ist die Umkehr ziemlich dringend und unumgänglich (vgl. Lk 15,11-32).

Ansprache an die Römische Kurie am 22. Dezember 2014

Montag

MÄRZ 07 Perpetua und Felicitas, Volker von Segeberg

VOM TERRORISMUS DES GEREDES

Die Krankheit des Geredes, des Gemunkels und des Tratsches. Von dieser Krankheit habe ich schon viele Male gesprochen, aber nie genug. Es ist eine schwere Krankheit, die ganz einfach beginnt – vielleicht nur, um ein kleines Schwätzchen zu halten – und sich dann des Menschen bemächtigt, ihn zum »Unfriedenstifter« (wie Satan) macht und in vielen Fällen zum »kaltblütigen Urheber von Rufmord« der eigenen Kollegen und Mitbrüder. Es ist die Krankheit der Feiglinge, die nicht den Mut besitzen, etwas unmittelbar anzusprechen und daher hinter dem Rücken reden. Der heilige Paulus ermahnt uns: »Tut alles ohne Murren und Bedenken, damit ihr rein und ohne Tadel seid« (Phil 2,14-15). Brüder, hüten wir uns vor dem Terrorismus des Geredes!

Ansprache an die Römische Kurie am 22. Dezember 2014

VERGÖTTERUNG?

Die Krankheit, die Vorgesetzten zu vergöttern: Es ist die Krankheit derer, die ihre Oberen hofieren in der Hoffnung, deren Gunst zu erlangen. Sie sind Opfer des Karrierismus und des Opportunismus; sie ehren Menschen und nicht Gott (vgl. Mt 23,8-12). Es sind Menschen, die ihren Dienst einzig im Gedanken an das verrichten, was sie dafür bekommen, und nicht, was sie geben müssen. Es sind kleinliche, unglückliche Menschen, die nur von ihrem fatalen Egoismus geleitet sind (vgl. Gal 5,16-25). Diese Krankheit könnte auch die Oberen befallen, wenn sie einige ihrer Mitarbeiter hofieren, um ihre Unterwerfung, Treue und psychologische Abhängigkeit zu erlangen, doch das Endergebnis ist eine wirkliche Komplizenschaft.

Ansprache an die Römische Kurie am 22. Dezember 2014

Mittwoch

MÄRZ 09

Bruno von Querfurt, Franziska von Rom, Katharina von Bologna

NIEMALS GLEICHGÜLTIG SEIN

Die Krankheit der Gleichgültigkeit gegenüber den anderen: wenn einer nur an sich selber denkt und die Aufrichtigkeit und Herzlichkeit der menschlichen Beziehungen verliert. Wenn der mit der größten Sachkenntnis sein Wissen nicht in den Dienst der weniger sachverständigen Kollegen stellt. Wenn man etwas in Erfahrung bringt und es für sich behält, anstatt es im positiven Sinne mit den anderen zu teilen. Wenn man aus Eifersucht oder Verschlagenheit Freude am Fallen des anderen empfindet, anstatt ihn wieder aufzuheben und zu ermutigen.

Ansprache an die Römische Kurie am 22. Dezember 2014

DIE FREUDE VERBREITEN

Die Krankheit der Totengräbermiene. Es ist die Krankheit der Mürrischen und Griesgrämigen, die meinen, um seriös zu sein, müsse man ein trübsinniges, strenges Gesicht aufsetzen und die anderen – vor allem die, welche man niedriger einstuft – mit Strenge, Härte und Arroganz behandeln. In Wirklichkeit sind theatralische Strenge und steriler Pessimismus oft Symptome von Angst und mangelndem Selbstvertrauen. Der Apostel muss sich bemühen, ein freundlicher, unbeschwerter, begeisterter und fröhlicher Mensch zu sein, der Freude verbreitet, wo immer er sich befindet.

Ansprache an die Römische Kurie am 22. Dezember 2014

Freitag

MÄRZ 11

Rosina (Rosamunde), Ulrich von Kaisheim, Christoph Macaosoli

GEBET UM HUMOR

Ein von Gott erfülltes Herz ist ein glückliches Herz, das Freude ausstrahlt und alle in seiner Umgebung damit ansteckt: Das sieht man sofort! Verlieren wir also nicht jenen fröhlichen, humorvollen Geist, der sogar zur Selbstironie fähig ist und der die Menschen auch in schwierigen Situationen liebenswürdig sein lässt.[vgl. Evangelii gaudium, 2] Wie gut tut uns eine großzügige Dosis gesunden Humors! Es wird uns sehr nützlich sein, oft das Gebet des heiligen Thomas Morus zu beten: Ich bete es jeden Tag, es tut mir gut.

Ansprache an die Römische Kurie am 22. Dezember 2014

KEHRT UM

Die Krankheit des Hortens: wenn der Apostel eine existenzielle Leere in seinem Herzen zu füllen sucht, indem er materielle Güter anhäuft, nicht aus Notwendigkeit, sondern nur, um sich sicher zu fühlen. In Wirklichkeit werden wir nichts Materielles mitnehmen können, denn »das Totenhemd hat keine Taschen«, und alle unsere irdischen Schätze – auch wenn es Geschenke sind – können niemals jene Leere füllen, im Gegenteil, sie machen sie immer anspruchsvoller und abgründiger. Diesen Menschen wiederholt der Herr: »Du behauptest: Ich bin reich und wohlhabend und nichts fehlt mir. Du weißt aber nicht, dass gerade du elend und erbärmlich bist, arm, blind und nackt … Mach also Ernst und kehr um!« (Offb 3,17-19).

Ansprache an die Römische Kurie am 22. Dezember 2014

Sonntag

MÄRZ **13**

5. FASTENSONNTAG
Leander von Sevilla, Paulina von Paulinzella

OHNE BALLAST LEBEN

Die Anhäufung belastet nur und verlangsamt unerbittlich den Weg! Und da fällt mir eine Geschichte ein: Die spanischen Jesuiten beschrieben die Gesellschaft Jesu einst als die »leichte Kavallerie der Kirche«. Ich erinnere mich an den Umzug eines jungen Jesuiten. Während er all seine vielen Habseligkeiten – Gepäckstücke, Bücher, Gegenstände und Geschenke in einen Lastwagen lud, sagte ein alter Jesuit, der ihn beobachtete, mit einem weisen Lächeln zu ihm: »Das soll also die ›leichte Kavallerie der Kirche sein‹?« Unsere Umzüge sind ein Zeichen dieser Krankheit.

Ansprache an die Römische Kurie am 22. Dezember 2014

Montag

Mathilde, Eva von Lüttich,
Konrad Müller

14 MÄRZ

NICHT GESPALTEN LEBEN

Die Krankheit der geschlossenen Zirkel, wo die Zugehörigkeit zum Grüppchen stärker wird als die zum Leib und – in einigen Fällen – zu Christus selbst. Auch diese Krankheit beginnt immer mit guten Absichten, aber im Laufe der Zeit unterjocht sie die Mitglieder und wird zu einem Krebs, der die Harmonie des Leibes bedroht und viel Unheil verursacht – Anstoß erregt – besonders für die Geringsten unserer Brüder. Die Selbstzerstörung oder der »Eigenbeschuss« der Gefährten ist die heimtückischste Gefahr. Es ist das Übel, das von innen her zuschlägt, und Jesus sagt dazu: »Jedes Reich, das in sich gespalten ist, wird veröden« (Lk 11,17).

Ansprache an die Römische Kurie am 22. Dezember 2014

Dienstag

MÄRZ 15 Klemens Maria Hofbauer, Louise de Marillac

TRANSPARENT LEBEN

Und die letzte Krankheit: die des weltlichen Profits, der Zurschaustellung, [vgl. Evangelii gaudium, 93-97] wenn der Apostel seinen Dienst in Macht und seine Macht in Ware verwandelt, um weltlichen Nutzen oder mehr Einfluss zu gewinnen. Es ist die Krankheit der Menschen, die unersättlich danach streben, Machtbefugnisse zu vervielfältigen, und die fähig sind, zu diesem Zweck die anderen zu verleumden, zu diffamieren und zu diskreditieren, sogar in Zeitungen und Zeitschriften. Natürlich um sich hervorzutun und sich als fähiger zu erweisen als die anderen. Auch diese Krankheit schadet dem Leib sehr, denn sie führt die Menschen dazu, den Gebrauch jedweden Mittels zu rechtfertigen, nur um dieses Ziel zu erreichen – oft im Namen der Gerechtigkeit und der Transparenz!

Ansprache an die Römische Kurie am 22. Dezember 2014

GEFAHREN DER VERSUCHUNG

Ich erinnere mich an einen Priester, der die Journalisten kommen ließ, um ihnen private und vertrauliche Angelegenheiten seiner Mitbrüder und Gemeindemitglieder zu erzählen – und zu erfinden. Ihm ging es nur darum, sich auf den Titelseiten zu sehen, denn auf diese Weise fühlte er sich mächtig und interessant – und richtete so viel Unheil an für die anderen und für die Kirche. Der Arme!
Diese Krankheiten und diese Versuchungen sind natürlich eine Gefahr für jeden Christen und für jede Kurie, Gemeinschaft, Kongregation, Pfarrei und kirchliche Bewegung, und sie können auf individueller wie auf gemeinschaftlicher Ebene auftreten.

Ansprache an die Römische Kurie am 22. Dezember 2014

Donnerstag

MÄRZ 17

Gertrud von Nivelles, Patrick von Irland, Konrad von Bayern

DER HEILIGE GEIST HEILT

Es muss klargestellt werden, dass allein der Heilige Geist alle Krankheiten heilen kann: Er ist die Seele des mystischen Leibes Christi, wie das Glaubensbekenntnis von Nizäa-Konstantinopel bekräftigt: »Ich glaube … an den Heiligen Geist, der Herr ist und lebendig macht.« Der Geist unterstützt jedes aufrichtige Bemühen um Läuterung und jeden guten Willen zur Umkehr. Er ist es, der uns begreifen lässt, dass jedes Glied teilhat an der Heiligung des Leibes oder an seiner Schwächung. Er ist der Stifter der Harmonie: »Ipse harmonia est«, sagt der heilige Basilius. Und der heilige Augustinus sagt: »Solange ein Teil mit dem Leib verbunden bleibt, ist seine Heilung nicht aussichtslos; was hingegen abgetrennt wurde, kann weder gepflegt noch geheilt werden.«

Ansprache an die Römische Kurie am 22. Dezember 2014

IN LIEBE AUFBAUEN

Die Heilung ist auch Frucht des Wissens um die Krankheit sowie des persönlichen und gemeinschaftlichen Entschlusses, sich behandeln zu lassen und dabei mit Geduld und Ausdauer die Behandlung zu ertragen. [Evangelii gaudium, 25-33]
Wir sind also berufen, unser Dasein so zu leben, dass wir uns »von der Liebe geleitet, an die Wahrheit halten und in allem wachsen, bis wir ihn erreicht haben. Er, Christus, ist das Haupt. Durch ihn wird der ganze Leib zusammengefügt und gefestigt in jedem einzelnen Gelenk. Jedes trägt mit der Kraft, die ihm zugemessen ist. So wächst der Leib und wird in Liebe aufgebaut« (Eph 4,15-16).

Ansprache an die Römische Kurie am 22. Dezember 2014

Samstag

MÄRZ 19 CH: JOSEPHSTAG
Josef, Bräutigam der Gottesmutter Maria

BETEN FÜR DIE PRIESTER

Ich habe einmal gelesen, dass Priester wie Flugzeuge sind: Schlagzeilen machen sie nur, wenn sie abstürzen – doch sehr viele gibt es unter ihnen, die fliegen. Viele kritisieren, aber wenige beten für sie. Es ist ein recht amüsanter, aber auch sehr wahrer Satz, denn er beschreibt die Bedeutung und die Zerbrechlichkeit unseres priesterlichen Dienstes und welchen Schaden ein einziger Priester, der »fällt«, für den ganzen Leib der Kirche verursachen kann.

Ansprache an die Römische Kurie am 22. Dezember 2014

JESUS EMPFANGEN

Diese Woche beginnt mit der festlichen Prozession mit den Olivenzweigen: Das ganze Volk empfängt Jesus.
Aber diese Woche setzt sich fort im Geheimnis des Todes Jesu und seiner Auferstehung. Wir haben die Passion des Herrn gehört: Es wird uns guttun, wenn wir uns nur eine Frage stellen: Wer bin ich? Wer bin ich vor meinem Herrn? Wer bin ich vor Jesus, der festlich in Jerusalem einzieht? Bin ich fähig, meine Freude auszudrücken, ihn zu loben? Oder gehe ich auf Distanz? Wer bin ich vor dem leidenden Jesus?

Predigt am Palmsonntag anlässlich des XXIX. Weltjugendtages am 13. April 2014

Montag

MÄRZ 21

Axel von Lund,
Christian von Köln

WER BIN ICH?

Bin ich wie Pilatus? Wenn ich sehe, dass die Situation schwierig ist, wasche ich mir dann die Hände, weiß ich dann meine Verantwortung nicht zu übernehmen und lasse Menschen verurteilen oder verurteile sie selber?
Bin ich wie jene Menschenmenge, die nicht genau wusste, ob sie sich in einer religiösen Versammlung, in einem Gericht oder in einem Zirkus befand, und Barabbas wählt? Für sie ist es gleich: Es war unterhaltsamer, Jesus zu demütigen.

Predigt am Palmsonntag anlässlich des XXIX. Weltjugendtages am 13. April 2014

FRAGEN AN MICH

Bin ich wie die Soldaten, die den Herrn schlagen, ihn bespucken, ihn beleidigen, sich mit der Demütigung des Herrn amüsieren?
Bin ich wie Simon von Zyrene, der müde von der Arbeit kam, aber den guten Willen hatte, dem Herrn zu helfen, das Kreuz zu tragen?
Bin ich wie die, welche am Kreuz vorbeikamen und sich über Jesus lustig machten: »Er war doch so mutig! Er steige vom Kreuz herab, dann werden wir ihm glauben!«

Predigt am Palmsonntag anlässlich des XXIX. Weltjugendtages am 13. April 2014

Mittwoch

MÄRZ 23 Toribio de Mongrovejo, Rebekka Ar Rayès

NEHME ICH ANTEIL?

Bin ich wie jene mutigen Frauen und wie die Mutter Jesu, die dort waren und schweigend litten?
Bin ich wie Josef, der heimliche Jünger, der den Leib Jesu liebevoll trägt, um ihn zu begraben?
Bin ich wie die beiden Marien, die am Eingang des Grabes verharren, weinend und betend?
Wo ist mein Herz? Welchem dieser Menschen gleiche ich?

Predigt am Palmsonntag anlässlich des XXIX. Weltjugendtages am 13. April 2014

Donnerstag

GRÜNDONNERSTAG
Katharina von Schweden,
Elias von Rommersdorf

24 MÄRZ

»ANTEIL AN JESUS HABEN«
(JOH 13,8)

Die Liebe Gottes, die diese tödliche Selbstverschließung der Gleichgültigkeit aufbricht, wird uns von der Kirche durch ihre Lehre und vor allem durch ihr Zeugnis entgegengebracht. Bezeugen kann man aber nur, was man vorher erfahren hat. Ein Christ ist, wer sich von Gott mit dessen Güte und Barmherzigkeit, mit Christus selbst bekleiden lässt, um wie dieser zum Diener Gottes und der Menschen zu werden. Daran erinnert uns deutlich die Liturgie des Gründonnerstags mit dem Ritus der Fußwaschung. Petrus wollte nicht, dass Jesus ihm die Füße wasche, aber dann verstand er, dass Jesus nicht bloß ein Beispiel dafür sein will, wie wir einander die Füße waschen sollen. Diesen Dienst kann nur tun, wer sich vorher von Christus die Füße hat waschen lassen …

Botschaft zur österlichen Bußzeit 2015 am 4. Oktober 2014

Freitag

MÄRZ **25**

KARFREITAG,
VERKÜNDIGUNG DES HERRN
Jutta von Bernried, Ancilla, Annuntiata

WENN DU NICHT WÄRST …

Angesichts des Kreuzes Jesu sehen wir und greifen dabei gleichsam mit Händen, wie sehr wir von Ewigkeit her geliebt sind. Angesichts des Kreuzes fühlen wir uns als »Kinder« und nicht als »Dinge« oder »Gegenstände«, wie der heilige Gregor von Nazianz sagte, als er sich mit diesem Gebet an Christus wandte: »Wenn du nicht wärst, mein Christus, würde ich mich als endliches Geschöpf fühlen. Ich bin geboren worden und ich spüre, wie ich vergehe. Ich esse, ich schlafe, ich ruhe mich aus und gehe, ich werde krank und genese.

Kreuzweg am Kolosseum am Karfreitag, 18. April 2014

Samstag

Liudger von Münster (Ludger),
Larissa (Lara)

26 MÄRZ

GOTTES VERGEBUNG

Zahllose Verlangen und Qualen ergreifen mich, ich genieße die Sonne und was die Erde an Frucht hervorbringt. Dann sterbe ich und das Fleisch wird zu Staub wie das der Tiere, die nicht gesündigt haben. Doch ich, was habe ich mehr als sie? Nichts, wenn nicht Gott. Wenn du nicht wärest, mein Christus, würde ich mich als endliches Geschöpf fühlen. O unser Jesus, führe uns vom Kreuz hin zur Auferstehung und lehre uns, dass nicht das Böse das letzte Wort haben wird, sondern die Liebe, die Barmherzigkeit, die Vergebung ...«

Kreuzweg am Kolosseum am Karfreitag, 18. April 2014

Sonntag

MÄRZ 27 OSTERSONNTAG
Haimo von Halberstadt, Ensfried von Köln

FREUDE UND STAUNEN

Die vorherrschende Empfindung, die aus den Berichten über die Auferstehung im Evangelium durchscheint, ist eine von Staunen erfüllte Freude, ja von großem Staunen! Die Freude kommt von innen! Und in der Liturgie erleben wir erneut den Gemütszustand der Jünger aufgrund der Nachricht, die ihnen die Frauen gebracht hatten: Jesus ist auferstanden! Wir haben ihn gesehen!
Lassen wir es zu, dass sich diese dem Evangelium eingeprägte Erfahrung auch in unsere Herzen einprägt und in unserem Leben durchscheint. Lassen wir es zu, dass das freudige Staunen des Ostersonntags in die Gedanken, Blicke, Haltungen, Gesten und Worte ausstrahlt.

Regina-Coeli-Gebet am 21. April 2014

SIE ERKANNTEN IHN

Als er mit ihnen [den Emmausjüngern] bei Tisch war, den Lobpreis sprach und das Brot brach, erkannten sie ihn, doch er verschwand vor ihren Augen und ließ sie voller Staunen zurück. Nachdem sie vom Wort erleuchtet worden waren, hatten sie den auferstandenen Jesus im Brechen des Brotes erkannt, dem neuen Zeichen seiner Gegenwart. Und sofort verspürten sie das Bedürfnis, nach Jerusalem zurückzukehren, um den anderen Jüngern diese ihre Erfahrung mitzuteilen, dass sie dem lebendigen Jesus begegnet waren und ihn in jener Geste des Brotbrechens erkannt hatten.

Regina-Coeli-Gebet am 4. Mai 2014

DIE KRAFT DES WORTES

Der Weg nach Emmaus wird so zum Symbol unseres Glaubensweges: die Schrift und die Eucharistie sind die Elemente, die für die Begegnung mit dem Herrn unverzichtbar sind. Auch wir kommen oft in die Sonntagsmesse mit unseren Sorgen, mit unseren Schwierigkeiten und Enttäuschungen …
Bisweilen verletzt uns das Leben, und wir gehen traurig weg, hin zu unserem »Emmaus«, und wenden dem Plan Gottes den Rücken zu. Wir entfernen uns von Gott. Doch der Wortgottesdienst nimmt uns auf: Jesus erklärt uns die Schrift und entzündet in unseren Herzen erneut die Glut des Glaubens und der Hoffnung, und in der Kommunion gibt er uns Kraft. Wort Gottes und Eucharistie.

Regina-Coeli-Gebet am 4. Mai 2014

WOCHE DER FREUDE

Diese Woche ist die Woche der Freude: Wir feiern die Auferstehung Jesu. Es ist eine wahre, tiefe Freude, die auf der Gewissheit gründet, dass der auferstandene Christus nunmehr nicht mehr stirbt, sondern lebendig ist und in der Kirche und in der Welt wirkt. Diese Gewissheit wohnt im Herzen der Gläubigen seit jenem Ostermorgen, als die Frauen zum Grab Jesu gingen und die Engel zu ihnen sagten: »Was sucht ihr den Lebenden bei den Toten?« (Lk 24,5).

Generalaudienz am 23. April 2014

Donnerstag

MÄRZ 31

Kornelia, Klemens Fuhl,
Benjamin von Persien

»WAS SUCHT IHR DEN LEBENDEN BEI DEN TOTEN?«

Diese Worte sind gleichsam ein Meilenstein in der Geschichte; aber auch ein »Stein des Anstoßes«, wenn wir uns nicht öffnen für die Frohbotschaft, wenn wir meinen, dass ein toter Jesus weniger lästig ist als ein lebendiger Jesus! Wie oft muss uns jedoch auf unserem alltäglichen Weg gesagt werden: »Was sucht ihr den Lebenden bei den Toten?« Wie oft suchen wir das Leben bei den toten Dingen, bei den Dingen, die kein Leben schenken können, bei den Dingen, die heute sind und morgen nicht mehr sein werden, bei den Dingen, die vergehen … »Was sucht ihr den Lebenden bei den Toten?«

Generalaudienz am 23. April 2014

WAS SUCHST DU?

Wir brauchen dies, wenn wir uns in irgendeiner Form von Egoismus oder Selbstgefälligkeit verschließen; wenn wir uns von den weltlichen Mächten und von den Dingen dieser Welt verführen lassen und Gott und den Nächsten vergessen; wenn wir unsere Hoffnungen in weltliche Eitelkeiten, Geld, Erfolg setzen. Dann sagt uns das Wort Gottes: »Was sucht ihr den Lebenden bei den Toten?« Warum suchst du da? Das kann dir kein Leben schenken!

Generalaudienz am 23. April 2014

Samstag

APRIL **02** Franz von Paola, Sandrina, Maria von Ägypten

SEHEN UND ERKENNEN

Es ist nicht einfach, offen zu sein für Jesus. Es ist nicht selbstverständlich, das Leben des Auferstandenen und seine Gegenwart unter uns anzunehmen. Das Evangelium lässt uns verschiedene Reaktionen sehen: die des Apostels Thomas, die der Maria von Magdala und die der beiden Emmausjünger: Es tut uns gut, uns mit ihnen auseinanderzusetzen. Thomas stellt eine Bedingung für den Glauben, er verlangt, den Beweis zu berühren: die Wunden. Maria von Magdala weint. Sie sieht ihn, aber sie erkennt ihn nicht. Erst als er sie beim Namen ruft, merkt sie, dass es Jesus ist.

Generalaudienz am 23. April 2014

MEINEN WEG FINDEN

Die Emmausjünger, betrübt und niedergeschlagen, kommen zur Begegnung mit Jesus, indem sie sich von jenem geheimnisvollen Weggefährten begleiten lassen. Jeder auf einem anderen Weg! Sie suchten den Lebenden bei den Toten, und der Herr selbst hat ihre Richtung geändert. Und was tue ich? Welchem Weg folge ich, um dem lebendigen Christus zu begegnen? Er wird stets bei uns sein, um die Richtung zu ändern, wenn wir uns geirrt haben.

Generalaudienz am 23. April 2014

Montag

APRIL **04** Isidor von Sevilla, Konrad von Weißenau, Benedikt von San Fratello

IN DIE ZUKUNFT SCHAUEN

»Was sucht ihr den Lebenden bei den Toten?« (Lk 24,5) Diese Frage lässt uns die Versuchung überwinden, zurückzuschauen auf das, was gestern war, und drängt uns nach vorne, in die Zukunft. Jesus ist nicht im Grab, er ist der Auferstandene! Er ist der Lebende – derjenige, der stets seinen Leib, die Kirche, erneuert und ihn zum Gehen veranlasst, indem er ihn zu sich zieht. »Gestern« ist das Grab Jesu und das Grab der Kirche, das Grab der Wahrheit und der Gerechtigkeit; »heute« ist die immerwährende Auferstehung, zu der uns der Heilige Geist drängt, indem er uns die volle Freiheit schenkt.

Generalaudienz am 23. April 2014

STREBEN NACH VOLLKOMMENHEIT

[Auch] heute wird [...] uns diese Frage gestellt. Was suchst du den Lebenden bei den Toten – du, der du dich in dir selbst verschließt nach einem Scheitern, und du, der du keine Kraft mehr hast, um zu beten? Was suchst du den Lebenden bei den Toten – du, der du dich allein fühlst, von den Freunden und vielleicht auch von Gott verlassen? Was suchst du den Lebenden bei den Toten – du, der du die Hoffnung verloren hast, und du, der du dich von deinen Sünden gefangen fühlst? Was suchst du den Lebenden bei den Toten – du, der du nach Schönheit strebst, nach geistlicher Vollkommenheit, nach Gerechtigkeit, nach Frieden?

Generalaudienz am 23. April 2014

Mittwoch

APRIL **06** Petrus der Märtyrer, Notker, Wilhelm von Aebelholt

DIE FROHBOTSCHAFT VERKÜNDEN

Wir müssen immer wieder die Mahnung des Engels hören und sie uns gegenseitig in Erinnerung rufen! Diese Mahnung – »Was sucht ihr den Lebenden bei den Toten?« – hilft uns, aus unseren Räumen der Traurigkeit herauszukommen, und öffnet uns für die Horizonte der Freude und der Hoffnung: jene Hoffnung, die die Steine von den Gräbern wegnimmt und Mut macht, die Frohbotschaft zu verkündigen, die in der Lage ist, neues Leben hervorzubringen für die anderen.

Generalaudienz am 23. April 2014

HERAUSFORDERUNGEN ANNEHMEN

Das Wort »Herausforderung« kann auf zwei Weisen verstanden werden. Zuerst kann es negativ verstanden werden als eine Versuchung, gegen eure moralischen Überzeugungen, gegen das, was ihr als wahr, gut und recht erkennt, zu handeln. Unsere Rechtschaffenheit kann durch egoistische Interessen, Gier, Unehrlichkeit oder den Willen, sich anderer zu bedienen, herausgefordert werden.

Ansprache an Jugendliche in Manila am 18. Januar 2015

Freitag

APRIL

08

Walter von Rebais, Beate von Ribnitz,
Maria Rosa Julia Billiart

ZEUGNIS GEBEN

Das Wort »Herausforderung« kann auch positiv verstanden werden. Es kann als Einladung zum Mut gesehen werden, als Aufforderung, ein prophetisches Zeugnis für das zu geben, was ihr glaubt und heilig haltet. In diesem Sinn ist die Herausforderung der Rechtschaffenheit etwas, dem ihr euch jetzt, in dieser Zeit eures Lebens stellen müsst. Es ist nicht etwas, das ihr aufschieben könnt, bis ihr älter seid und größere Verantwortungen tragt. Gerade jetzt seid ihr herausgefordert, in euren Beziehungen zu anderen – Jungen wie Alten – mit Ehrlichkeit und Fairness zu handeln.

Ansprache an Jugendliche in Manila am 18. Januar 2015

Samstag

Waltrud von Mons (Waltraud), Konrad I.,
Casilda von Toledo

09 APRIL

GRENZENLOS LIEBEN

Der heilige Paulus sagt uns, dass die Liebe *langmütig* und *gütig* ist. Je mehr sich die Verantwortung im Dienst an der Kirche ausweitet, umso weiter muss das Herz werden, sich nach dem Maß von Christi Herz ausdehnen. *Langmut* ist in einem gewissen Sinn ein Synonym von Katholizität: Sie ist die Fähigkeit, grenzenlos zu lieben, aber zugleich treu und mit konkreten Handlungen auf die jeweiligen Situationen einzugehen. Das Große zu lieben, ohne das Kleine zu vernachlässigen; die kleinen Dinge in der Sichtweite der großen lieben.

Predigt zur Kreierung von neuen Kardinälen am 14. Februar 2015

Sonntag

APRIL **10** 3. SO. D. OSTERZEIT
Magdalena Gabriela von Canossa

GÖTTLICHE KRAFT DER LIEBE

Der Apostel sagt: Die Liebe *ist nicht neidisch, sie prahlt nicht, sie bläht sich nicht auf*. Das ist wirklich ein Wunder der Liebe, denn wir Menschen – alle und in jedem Lebensalter – neigen aufgrund unserer von der Sünde verletzten Natur zu Neid und Hochmut. Und auch die kirchlichen Würdenträger sind gegen diese Versuchung nicht immun. Aber gerade deshalb kann in uns die göttliche Kraft der Liebe, die das Herz verwandelt, noch mehr hervortreten, so dass nicht mehr du es bist, der lebt, sondern Christus in dir. Und Jesus ist ganz und gar Liebe.

Predigt zur Kreierung von neuen Kardinälen am 14. Februar 2015

DEN ANDEREN ACHTEN

Die Liebe handelt nicht rücksichtslos, sucht nicht ihren Vorteil. Diese beiden Merkmale zeigen, dass derjenige, der in der Liebe lebt, nicht sich selbst als Mittelpunkt betrachtet. Wer sich nur um sich selber dreht, der handelt zwangsläufig rücksichtslos, und oft merkt er es nicht einmal, denn die »Rücksicht« ist gerade die Fähigkeit, auf den anderen, auf seine Würde, seine Lage, seine Bedürfnisse zu achten.

Predigt zur Kreierung von neuen Kardinälen am 14. Februar 2015

Dienstag

APRIL 12 Julius I., Herta von Rom, Giuseppe Moscati

RÜCKSICHTSVOLL LEBEN

Wer sich selbst als Mittelpunkt betrachtet, sucht unvermeidlich den eigenen Vorteil, und das scheint ihm normal, fast eine Pflicht. Dieser »Vorteil« kann auch in edle Verkleidungen gehüllt sein, aber unterschwellig ist da immer der »eigene Vorteil«. Die Liebe hingegen holt dich heraus aus der Konzentration auf dich selbst und stellt dich in die wahre Mitte, die allein Christus ist. Dann kannst du wirklich ein rücksichtsvoller Mensch sein, der auf das Wohl der anderen achtet.

Predigt zur Kreierung von neuen Kardinälen am 14. Februar 2015

DIE LIEBE BEFREIT

Die Liebe, sagt Paulus, *lässt sich nicht zum Zorn reizen, trägt das Böse nicht nach*. Dem Hirten, der im Kontakt mit den Leuten lebt, fehlt es nicht an Gelegenheiten, zornig zu werden. Und vielleicht sind wir noch mehr in Gefahr, in den Beziehungen unter uns Mitbrüdern in Zorn zu geraten, denn wir sind in der Tat weniger entschuldbar. Auch darin ist es die Liebe – und sie allein –, die uns befreit.

Predigt zur Kreierung von neuen Kardinälen am 14. Februar 2015

Donnerstag

APRIL

14

Lidwina die Dulderin (Lidia), Engelbert von Neuburg

BEWAHRE UNS GOTT

[Die Liebe] befreit uns von der Gefahr, impulsiv zu reagieren, unangebracht zu reden und zu handeln; und vor allem befreit sie uns von der tödlichen Gefahr des unterdrückten, im Innern genährten Zorns, der dich dazu bringt, das Böse, das du erlitten hast, nachzutragen. Nein. Das ist für einen Kirchenmann unannehmbar. Wenn man eine augenblickliche und sofort beruhigte Wut überhaupt entschuldigen kann, so keineswegs den Groll. Gott bewahre uns davor und befreie uns!

Predigt zur Kreierung von neuen Kardinälen am 14. Februar 2015

DIENER DER WAHRHEIT

Die Liebe *freut sich nicht über das Unrecht, sondern freut sich an der Wahrheit*. Wer in der Kirche zum Dienst der Regierung berufen ist, muss einen ausgeprägten Gerechtigkeitssinn haben, so dass für ihn jegliche Ungerechtigkeit inakzeptabel ist, auch eine, die für ihn oder für die Kirche von Vorteil sein könnte. Und zugleich freut sich die Liebe an der Wahrheit – was für eine schöne Aussage! Der Mann Gottes ist einer, der von der Wahrheit fasziniert ist und der sie vollends im Wort Gottes und im Leib Jesu Christi findet. Jesus Christus ist die unerschöpfliche Quelle unserer Freude. Möge das Volk Gottes in uns stets entschlossene Streiter gegen die Ungerechtigkeit und frohe Diener der Wahrheit finden.

Predigt zur Kreierung von neuen Kardinälen am 14. Februar 2015

Samstag

APRIL

16

Benedikt Josef Labre,
Bernadette Soubirous

HOFFNUNG VERBREITEN

[Die Liebe] *verzeiht alles, glaubt alles, hofft alles, erträgt alles*. Hier haben wir in vier Worten ein geistliches und pastorales Lebensprogramm. Die Liebe Christi, die durch den Heiligen Geist in unsere Herzen eingegossen ist, ermöglicht uns, so zu leben, so zu sein: Menschen, die fähig sind, immer zu verzeihen; die fähig sind, immer vertrauensvoll zu glauben, weil sie erfüllt sind vom Glauben an Gott; die fähig sind, immer Hoffnung zu verbreiten, weil sie voller Hoffnung auf Gott sind; Menschen, die jede Situation und jeden Bruder oder jede Schwester geduldig ertragen, in der Verbindung mit Jesus, der in Liebe die Last all unserer Sünden ertragen hat.

Predigt zur Kreierung von neuen Kardinälen am 14. Februar 2015

MIT DER LIEBE GOTTES IM HERZEN

Gott ist die Liebe und bewirkt all das, wenn wir dem Handeln seines Heiligen Geistes gegenüber lernbereit sind. Das ist es also, was wir sein müssen: *inkardiniert und lernbereit*. Je mehr wir in der Kirche von Rom inkardiniert sind, um so lernbereiter müssen wir gegenüber dem Heiligen Geist sein, damit die Liebe allem, was wir sind und tun, Gestalt und Sinn verleihen kann. Inkardiniert in der Kirche, die in der Liebe den Vorsitz hat, und lernbereit gegenüber dem Heiligen Geist, der die Liebe Gottes in unsere Herzen gießt (vgl. Röm 5,5).

Predigt zur Kreierung von neuen Kardinälen am 14. Februar 2015

Montag

APRIL **18** Wigbert (Wigo) von Augsburg, Ursmar von Lobbes (Urs), Aya von Mons

DIE SEHNSUCHT NACH GLÜCK

Das Wort selig – das heißt glücklich – erscheint neunmal in dieser ersten großen Predigt Jesu (vgl. Mt 5,1-12). Es ist wie ein Refrain, der uns an den Ruf Jesu erinnert, gemeinsam mit ihm einen Weg zu gehen, der ungeachtet aller Herausforderungen der Weg zum wahren Glück ist.
Die Suche nach dem Glück ist allen Menschen aller Zeiten und jeden Alters gemeinsam. Gott hat jedem Mann und jeder Frau eine unbezwingbare Sehnsucht nach Glück, nach Fülle ins Herz gelegt. Spürt ihr nicht, dass eure Herzen unruhig sind und ständig auf der Suche nach einem Gut, das ihren Durst nach Unendlichkeit stillen kann?

Botschaft zum XXX. Weltjugendtag 2015 am 31. Januar 2015

WAHRHEIT FINDEN

Die ersten Kapitel aus dem Buch Genesis zeigen uns die wunderbare Seligkeit, zu der wir berufen sind und die in dem vollen Einklang mit Gott, mit den anderen, mit der Natur und mit uns selbst besteht. Der freie Zugang zu Gott, die Vertrautheit mit ihm und seine Schau war vom Anfang der Menschheit an Teil von Gottes Plan für sie und bewirkte, dass das göttliche Licht alle menschlichen Beziehungen mit Wahrheit und Transparenz durchdrang. In diesem Zustand ursprünglicher Reinheit gab es keine »Masken«, keine Winkelzüge, keine Gründe, sich voreinander zu verstecken. Alles war durchsichtig und klar.

Botschaft zum XXX. Weltjugendtag 2015 am 31. Januar 2015

Mittwoch

APRIL 20 Hildegunde von Schönau, Odette, Wilhelm der Pilger

SEHNSUCHT FINDEN

Als der Mann und die Frau der Versuchung nachgegeben und die Beziehung einer vertrauensvollen Gemeinschaft mit Gott brechen, tritt die Sünde in die menschliche Geschichte ein (vgl. Gen 3). Die Folgen machen sich sofort bemerkbar, auch in ihren Beziehungen zu sich selbst, zueinander und zur Natur. Und sie sind dramatisch! Die ursprüngliche Reinheit ist wie vergiftet. Von jenem Moment an ist der direkte Zugang zur Gegenwart Gottes nicht mehr möglich. Statt dessen herrscht die Tendenz, sich zu verstecken, der Mann und die Frau müssen ihre Blöße bedecken.

Botschaft zum XXX. Weltjugendtag 2015 am 31. Januar 2015

Donnerstag

Konrad von Parzham,
Anselm von Canterbury

21

APRIL

KOMPASS FÜR DAS LEBEN

Ohne das Licht, das die Schau des Herrn vermittelt, sehen sie die Wirklichkeit, die sie umgibt, verzerrt, verschwommen. Der innere »Kompass«, der sie in ihrer Suche nach dem Glück leitete, verliert seinen Bezugspunkt, und die Verlockungen der Macht, des Besitzes und das Verlangen nach Vergnügen um jeden Preis führen sie in den Abgrund der Traurigkeit und der Angst.

Botschaft zum XXX. Weltjugendtag 2015 am 31. Januar 2015

Freitag

APRIL **22** Kajus von Rom (Kai),
Wolfhelm von Brauweiler

ERLÖSUNG FINDEN

In den Psalmen finden wir den Schrei, den die Menschheit aus tiefster Seele an Gott richtet: »Wer lässt uns Gutes erleben? Herr, lass dein Angesicht über uns leuchten!« (Ps 4,7). Und in seiner unendlichen Güte antwortet der himmlische Vater auf dieses Flehen, indem er seinen Sohn sendet. In Jesus nimmt Gott ein menschliches Gesicht an. Mit seiner Menschwerdung, seinem Leben, seinem Tod und seiner Auferstehung erlöst er uns von der Sünde und eröffnet uns neue, bis dahin unvorstellbare Horizonte.

Botschaft zum XXX. Weltjugendtag 2015 am 31. Januar 2015

Samstag

Adalbert von Prag, Georg der Märtyrer,
Gerhard von Toul

23 APRIL

ERFÜLLT LEBEN

In Christus findet sich die vollkommene Erfüllung eurer Träume von Güte und Glück. Er allein kann eure Erwartungen befriedigen, die so oft aufgrund von falschen weltlichen Versprechungen enttäuscht wurden. Der heilige Johannes Paul II. sagte dazu: »Er ist die Schönheit, die euch so anzieht; Er ist es, der euch provoziert mit jenem Durst nach Radikalität, der euch keine Anpassung an den Kompromiss erlaubt; Er ist es, der euch dazu drängt, die Masken abzulegen, die das Leben verfälschen; Er ist es, der in euren Herzen die wahreren Entscheidungen herausliest, die andere am liebsten ersticken würden. Jesus ist es, der in euch etwas entfacht: die Sehnsucht, aus eurem Leben etwas Großes zu machen.«

Botschaft zum XXX. Weltjugendtag 2015 am 31. Januar 2015

Sonntag

APRIL **24** 5. SO. D. OSTERZEIT
Fidelis von Sigmaringen, Wilfrid von York

SELIG, DIE EIN REINES HERZ HABEN …

Zuallererst müssen wir die biblische Bedeutung des Wortes *Herz* verstehen. Für die hebräische Kultur ist das Herz das Zentrum der Gefühle, der Gedanken und der Absichten des Menschen. Wenn die Bibel uns lehrt, dass Gott nicht auf das schaut, was vor den Augen ist, sondern auf das Herz (vgl. 1 Sam 16,7), dann können wir auch sagen, dass es unser Herz ist, von dem aus wir Gott schauen können. Und das, weil das Herz den Menschen in seiner Ganzheit und Einheit von Leib und Seele zusammenfasst, in seiner Fähigkeit, zu lieben und geliebt zu werden.

Botschaft zum XXX. Weltjugendtag 2015 am 31. Januar 2015

ÖKOLOGIE DES MENSCHEN

Aus der Liste der von Jesus aufgezählten Übel, die den Menschen unrein machen, ersehen wir, dass das Problem vor allem den Bereich unserer *Beziehungen* betrifft. Jeder von uns muss lernen zu unterscheiden, was sein Herz »verunreinigen« kann, und sich ein aufrichtiges, feines Gewissen bilden, das fähig ist, zu »prüfen und erkennen … was der Wille Gottes ist: was ihm gefällt, was gut und vollkommen ist« (Röm 12,2). Wenn für die Bewahrung der Schöpfung, für die Reinheit der Luft, des Wassers und der Nahrung eine gesunde Aufmerksamkeit notwendig ist, um wie viel mehr müssen wir dann die Reinheit dessen schützen, was uns am kostbarsten ist: *unsere Herzen und unsere Beziehungen*. Diese »menschliche Ökologie« wird uns helfen, die reine Luft zu atmen, die aus den schönen Dingen, der echten Liebe, der Heiligkeit hervorgeht.

Botschaft zum XXX. Weltjugendtag 2015 am 31. Januar 2015

Dienstag

APRIL **26** Radbert von Corbie, Richarius von Centula

WO IST DEIN SCHATZ?

Unsere Herzen können sich an wahre oder an falsche Schätze hängen, können eine echte Ruhe finden oder einschlummern, indem sie träge und abgestumpft werden. Das kostbarste Gut, das wir im Leben haben können, ist unsere Beziehung zu Gott. Seid ihr davon überzeugt? Ist euch bewusst, wie unschätzbar wertvoll ihr in Gottes Augen seid? Wisst ihr, dass ihr von ihm bedingungslos geliebt und angenommen werdet, so wie ihr seid? Wenn diese Wahrnehmung schwindet, wird das Menschsein ein unverständliches Rätsel, denn gerade das Wissen darum, dass wir von Gott bedingungslos geliebt werden, verleiht unserem Leben Sinn. Ich wünsche euch, dass dieser liebevolle Blick Christi euch euer ganzes Leben hindurch begleiten möge.

Botschaft zum XXX. Weltjugendtag 2015 am 31. Januar 2015

DIE LIEBE IST GÜTIG ...

Habt keine Angst vor einer wahren Liebe, wie Jesus sie uns lehrt und die der heilige Paulus so umreißt: »Die Liebe ist langmütig, die Liebe ist gütig. Sie ereifert sich nicht, sie prahlt nicht, sie bläht sich nicht auf. Sie handelt nicht ungehörig, sucht nicht ihren Vorteil, lässt sich nicht zum Zorn reizen, trägt das Böse nicht nach. Sie freut sich nicht über das Unrecht, sondern freut sich an der Wahrheit. Sie erträgt alles, glaubt alles, hofft alles, hält allem stand. Die Liebe hört niemals auf« (1 Kor 13,4-8).

Botschaft zum XXX. Weltjugendtag 2015 am 31. Januar 2015

Donnerstag

APRIL 28 Pierre, Hugo von Cluny, Ludwig M. Grignion

WIRKLICH LIEBEN

In der Kultur des Provisorischen, des Relativen, predigen viele, das Wichtige sei, den Augenblick zu »genießen«, sich für das ganze Leben zu verpflichten, endgültige Entscheidungen »für immer« zu treffen, sei nicht der Mühe wert, denn man weiß ja nicht, was das Morgen bereithält. Ich hingegen bitte euch, Revolutionäre zu sein; ich bitte euch, gegen den Strom zu schwimmen; ja in diesem Punkt bitte ich euch, gegen diese Kultur des Provisorischen zu rebellieren, die im Grunde meint, dass ihr nicht imstande seid, Verantwortung zu übernehmen; die meint, dass ihr nicht fähig seid, wirklich zu lieben.

Botschaft zum XXX. Weltjugendtag 2015 am 31. Januar 2015

EHRFURCHT VOR DEM LEBEN

In engem Kontakt mit der Natur zu leben, so wie ihr es tut, schließt nicht nur Ehrfurcht vor ihr ein, sondern auch die Verpflichtung, einen konkreten Beitrag zu leisten, damit die Verschwendung durch eine Gesellschaft aufhört, die zunehmend Güter wegwirft, die noch verwendbar sind und die man bedürftigen Menschen schenken könnte. *In der Stadt Wege bahnen.* Ihr seid in den Stadtvierteln und in den Städten, in denen ihr lebt, aufgerufen, wie der Sauerteig zu sein, indem ihr euren aufrichtigen Beitrag zur Verwirklichung des Gemeinwohls anbietet. Es ist wichtig, dass man es versteht, die Werte des Evangeliums voller Freude anzubieten, in einer loyalen und offenen Auseinandersetzung mit den unterschiedlichen kulturellen und gesellschaftlichen Einrichtungen.

Ansprache an die MASCI am 8. November 2014

NAH BEI DEN MENSCHEN

Ihr könnt in dieser vielschichtigen und multikulturellen Gesellschaft mit Einfachheit und Demut für die Liebe Jesu zu allen Menschen Zeugnis ablegen und dabei auch neue Wege der Evangelisierung erproben, in Treue zu Christus und zu den Menschen, die sich in den Städten oft mühevollen Situationen ausgesetzt sehen. Mitunter laufen sie Gefahr, sich zu verirren und die Fähigkeit zu verlieren, den Horizont zu sehen und die Gegenwart Gottes zu spüren. In solchen Augenblicken besteht der hilfreiche Kompass, den man diesen Brüdern und Schwestern anbieten kann, in einem nahen Herzen, einem »orientierten« Herzen, in dem Sinn, dass es auf Gott ausgerichtet ist.

Ansprache an die MASCI am 8. November 2014

»HERR UND GOTT, BLICKE AUF UNS!

Herr, dir hat die Arbeit nicht gefehlt, du warst Zimmermann, du warst glücklich.
Herr, uns fehlt die Arbeit.
Die Götzen wollen uns die Würde rauben. Die ungerechten Systeme wollen uns die Hoffnung rauben.
Herr, lass uns nicht allein. Hilf uns, einander zu helfen; dass wir ein wenig den Egoismus vergessen und wir im Herzen das »Wir« spüren; wir als Volk, das vorangehen will.
Herr Jesus, dir hat die Arbeit nicht gefehlt, gib uns Arbeit und lehre uns, für die Arbeit zu kämpfen, und segne uns alle. Im Namen des Vater, des Sohnes und des Heiligen Geistes.«

Ansprache an Repräsentanten der Welt der Arbeit
am 22. September 2013

Montag

MAI 02

Athanasius von Alexandria,
Sigismund von Burgund, Zoë, Boris

SCHAUEN WIR AUF MARIA,

Betrachten wir die heilige Mutter Gottes. Und ich möchte euch einladen, sie gemeinsam zu grüßen, wie es das mutige Volk von Ephesus getan hat. Als seine Hirten in die Kirche hineingingen, rief es vor ihnen: »Heilige Mutter Gottes!« Welch schöner Gruß für unsere Mutter ... Eine Geschichte besagt – ich weiß nicht, ob sie stimmt –, dass einige unter diesen Leuten Stöcke in der Hand hatten, vielleicht um den Bischöfen zu verstehen zu geben, was ihnen geschehen würde, wenn sie nicht den Mut hätten, Maria als »Mutter Gottes« zu verkünden. Ich lade euch alle, ohne Stöcke, ein, euch zu erheben und stehend Maria mit diesem Gruß der frühen Kirche dreimal zu grüßen: »Heilige Mutter Gottes!«.

Predigt am Hochfest der Gottesmutter Maria am 1. Januar 2015

SICHERHEIT IN GOTT

Man kann nicht zwei Herren dienen: Gott und dem Reichtum. Solange ein jeder danach trachtet, für sich anzuhäufen, wird es niemals Gerechtigkeit geben. Da müssen wir gut hinhören! Solange ein jeder danach trachtet, für sich anzuhäufen, wird es niemals Gerechtigkeit geben. Wenn wir dagegen im Vertrauen auf die Vorsehung Gottes gemeinsam sein Reich suchen, dann wird es niemandem am Notwendigen für ein würdiges Leben mangeln.
Ein Herz, das vom Streben nach Besitz besetzt ist, ist ein Herz, das von diesem Besitzstreben, aber nicht von Gott erfüllt ist. Deshalb hat Jesus mehrmals die Reichen ermahnt, da sie der starken Gefahr ausgesetzt sind, ihre Sicherheit in die Güter dieser Welt zu setzen, aber die Sicherheit, die endgültige Sicherheit, ist in Gott.

Angelusgebet am 2. März 2014

Mittwoch

MAI 04 Florian, Valeria, Guido von Pomposa, Cäcilia Schnur

PLATZ FÜR DEN GLAUBEN

In einem Herzen, das von den Reichtümern besessen ist, gibt es nicht mehr viel Platz für den Glauben: alles ist von den Reichtümern besetzt, es gibt keinen Platz für den Glauben. Wenn man hingegen Gott den Platz einräumt, der ihm gebührt, das heißt den ersten, dann führt seine Liebe dazu, auch die Reichtümer zu teilen, sie in den Dienst von Projekten der Solidarität und der Entwicklung zu stellen, wie dies viele Beispiele auch aus der jüngsten Zeit in der Geschichte der Kirche zeigen.

Angelusgebet am 2. März 2014

DIENST AN ANDEREN

So geht die Vorsehung Gottes über unseren Dienst an den anderen, über unser Teilen mit den anderen. Wenn ein jeder von uns nicht nur für sich Reichtümer anhäuft, sondern sie in den Dienst an den anderen stellt, wird in diesem Fall die Vorsehung Gottes in dieser Geste der Solidarität sichtbar. Wenn einer dagegen nur für sich selbst anhäuft, was wird ihm geschehen, wenn Gott ihn rufen wird? Er wird die Reichtümer nicht mitnehmen können, denn – wisst ihr – das Totenhemd hat keine Taschen!

Angelusgebet am 2. März 2014

LEBEN ALS GESCHWISTER

Es ist besser, zu teilen, da wir in den Himmel nur das mitnehmen, was wir mit den anderen geteilt haben. Der Weg, den Jesus weist, mag gegenüber der verbreiteten Denkart und den Problemen der Wirtschaftskrise wenig realistisch erscheinen; doch wenn man genau nachdenkt, führt er uns zur rechten Werteskala zurück. Er sagt: »Ist nicht das Leben wichtiger als die Nahrung und der Leib wichtiger als die Kleidung?« (Mt 6,25). Damit es keinem an Brot, Wasser, Kleidung, einem Zuhause, an Arbeit und Gesundheit fehlt, ist es notwendig, dass wir alle uns als Kinder des Vaters im Himmel und somit untereinander als Geschwister erkennen und uns demgemäß verhalten.

Angelusgebet am 2. März 2014

Samstag

Gisela von Ungarn, Helga von Niedernburg,
Rosa Venerini

07 MAI

VERSÖHNUNG LEBEN

Die Liebe zum Nächsten ist eine derart grundlegende Haltung, dass Jesus so weit geht zu sagen, dass unsere Beziehung zu Gott nicht aufrichtig sein kann, wenn wir mit dem Nächsten nicht Frieden schließen wollen. Und er spricht so: »Wenn du deine Opfergabe zum Altar bringst und dir dabei einfällt, dass dein Bruder etwas gegen dich hat, so lass deine Gabe dort vor dem Altar liegen; geh und versöhne dich zuerst mit deinem Bruder« (Mt 5,23-24). Daher sind wir aufgerufen, uns mit unseren Brüdern und Schwestern zu versöhnen, bevor wir unsere Verehrung für den Herrn im Gebet zeigen.

Angelusgebet am 16. Februar 2014

Sonntag

MAI **08** 7. SO. D. OSTERZEIT, MUTTERTAG
Desideratus von Burges (Désiré), Friedrich von Hirsau, Ulrika Nisch

MUTTER SEIN

Ja, Mutter zu sein bedeutet nicht nur, ein Kind zur Welt zu bringen, sondern es ist auch eine Lebensentscheidung. Was wählt eine Mutter, was ist die Lebensentscheidung einer Mutter? Die Lebensentscheidung einer Mutter ist die Entscheidung, das Leben hinzugeben. Und das ist groß, das ist schön. Eine Gesellschaft ohne Mütter wäre eine unmenschliche Gesellschaft, denn die Mütter wissen stets, auch in den schlimmsten Augenblicken, Zärtlichkeit, Hingabe, moralische Kraft zu bezeugen.

Generalaudienz am 7. Januar 2015

Montag

Beatus, Ottokar III., Volkmar von Niederaltaich, Theresia Gerhardinger

09 MAI

GLAUBEN WEITERGEBEN

Die Mütter geben oft auch den tiefsten Sinn der Glaubenspraxis weiter: In den ersten Gebeten, in den ersten Gesten der Frömmigkeit, die ein Kind erlernt, ist der Wert des Glaubens im Leben eines Menschen eingeschrieben.
Das ist eine Botschaft, die gläubige Mütter ohne viele Erklärungen weiterzugeben wissen: Diese kommen später, aber die Keimzelle des Glaubens liegt in jenen ersten, sehr kostbaren Augenblicken. Ohne die Mütter gäbe es nicht nur keine neuen Gläubigen, sondern der Glaube würde einen Großteil seiner einfachen und tiefen Wärme verlieren. Und die Kirche ist Mutter mit all dem, sie ist unsere Mutter! Wir sind keine Waisen, wir haben eine Mutter! Die Gottesmutter, die Mutter Kirche und unsere eigene Mutter!

Generalaudienz am 7. Januar 2015

KRAFT SCHÖPFEN

Ihr seid […] berufen, ein gutes Beispiel zu geben, ein Beispiel der Rechtschaffenheit. Wenn ihr das tut, werdet ihr natürlich auf Opposition stoßen, Negativem, Entmutigung und sogar Spott ausgesetzt sein. Doch ihr habt ein Geschenk erhalten, das euch befähigt, euch über diese Schwierigkeiten zu erheben. Es ist das Geschenk des Heiligen Geistes. Wenn ihr dieses Geschenk durch tägliches Gebet nährt und aus der Teilnahme an der Eucharistie Kraft schöpft, werdet ihr imstande sein, die moralische Größe zu erlangen, zu der Jesus euch ruft.

Ansprache an Jugendliche in Manila am 18. Januar 2015

BEISPIEL GEBEN

Ihr werdet auch eine Orientierungshilfe für die unter euren Freunden sein, die mit sich ringen. Ich denke besonders an die jungen Menschen, die versucht sind, die Hoffnung zu verlieren, ihre hohen Ideale aufzugeben, die Schule zu verlassen oder von Tag zu Tag auf der Straße zu leben.
So ist es wesentlich, eure Rechtschaffenheit nicht zu verlieren! Eure Ideale nicht zu gefährden! Versuchungen gegen Güte, Heiligkeit, Mut und Lauterkeit nicht nachzugeben! Stellt euch der Herausforderung! Mit Christus werdet ihr die Erbauer einer erneuerten und gerechteren […] Kultur sein – in der Tat seid ihr es schon!

Ansprache an Jugendliche in Manila am 18. Januar 2015

Donnerstag

MAI **12** Pankratius, Nereus und Achilleus

DAS WORT GOTTES LEBEN

Es ist mein Wunsch, dass alle Christen »die Erkenntnis Christi Jesu, die alles übertrifft« (vgl. Phil 3,8), durch die eifrige Lektüre des Wortes Gottes lernen können, denn der heilige Text ist Nahrung für die Seele und die reine und ewige Quelle des geistlichen Lebens von uns allen. Wir müssen daher jede Anstrengung unternehmen, damit jeder Gläubige das Wort Gottes liest, da – wie schon der hl. Hieronymus sagte – »die Unkenntnis der Schrift Unkenntnis Christi ist« (Comm. in Is., Prol.: PL 24,17).

Ansprache an die Mitglieder der Weltbibelallianz am 29. September 2014

Freitag

Servatius von Tongern, Agnes von Poitiers

13 MAI

TEILEN LERNEN

Probleme lassen sich nicht dadurch lösen, dass man so tut, als gebe es sie nicht! Und diese ehrliche Auseinandersetzung zwischen den Hirten und den anderen Gläubigen ist schön. Man gelangt also zu einer Aufgabenteilung. Die Apostel machen einen Vorschlag [vgl. Apg. 6,1-7], der den Beifall aller findet: sie selbst werden sich dem Gebet und dem Dienst am Wort widmen, während sich sieben Männer, die Diakone, um den Dienst an den Tischen für die Armen kümmern werden.

Regina Coeli am 18. Mai 2014

Samstag

MAI 14 Christian von Galatien, Bonifatius von Tarsus

WEISHEIT DES GEBETS

Diese sieben Männer werden nicht gewählt, weil sie geschäftstüchtig sind, sondern weil es sich um ehrliche Männer von gutem Ruf handelt, erfüllt vom Heiligen Geist und von Weisheit; und sie werden für ihren Dienst eingesetzt, indem die Apostel ihnen die Hände auflegen. Und so gelangt man von jener Unzufriedenheit, von jenen Klagen, von jenen Gerüchten der Günstlingswirtschaft und der Ungleichbehandlung zu einer Lösung. Indem man sich mit dem anderen auseinandersetzt, diskutiert und betet: so werden die Konflikte in der Kirche gelöst. Indem man sich mit dem anderen auseinandersetzt, diskutiert und betet. Mit der Gewissheit, dass Geschwätz, Neidereien, Eifersüchteleien uns niemals zur Eintracht, zur Harmonie oder zum Frieden führen werden können.

Regina Coeli am 18.Mai 2014

Sonntag

PFINGSTSONNTAG
Sophia von Rom, Rupert von Bingen, Isidor

15 MAI

DIE GUTE NACHRICHT VERKÜNDEN

Die Kirche hat ihren Ursprung in Pfingsten. Zu Pfingsten gingen die Apostel hinaus und begannen in allen Sprachen zu reden und konnten so durch die Kraft des Heiligen Geistes allen Menschen ihren lebendigen Glauben an den auferstandenen Christus kundtun. Der Erlöser lädt uns immer wieder neu ein, allen das Evangelium zu verkünden. Man muss die gute Nachricht verkünden und darf sich nicht den Launen der Menschen beugen. Oft mühen wir uns zu antworten, ohne zu bemerken, dass unsere Gesprächspartner gar keine Antworten suchen. Man muss verkündigen, entgegengehen, die Fragen stellen in der nie überholten apostolischen Sicht: »Diesen Jesus hat Gott auferweckt, dafür sind wir Zeugen.« (Apg 2,32).

Ansprache an Bischöfe aus der Schweiz am 1. Dezember 2014

Montag

MAI **16** PFINGSTMONTAG
Johannes Nepomuk, Luigi Orione

SPRACHE DER LIEBE

Ein grundlegendes Element des Pfingstfestes ist die Überraschung. Unser Gott ist der Gott der Überraschungen, das wissen wir. Niemand erwartete sich noch etwas von den Jüngern: nach dem Tod Jesu waren sie ein unbedeutendes Grüppchen, unterlegene Waisen ihres Meisters. Dagegen kommt es zu etwas Unerwartetem, das Staunen erregt: die Leute sind ganz bestürzt, da jeder die Apostel in seiner Sprache reden hörte, während sie von Gottes großen Taten erzählten (vgl. Apg 2,6-7.11). Die Kirche, die an Pfingsten geboren wird, ist eine Gemeinschaft, die in Staunen versetzt, da sie mit der Kraft, die von Gott kommt, eine neue Botschaft verkündet – die Auferstehung Christi – in einer neuen Sprache – jener universalen Sprache der Liebe.

Regina Coeli am 8. Juni 2014

LEBENDIGE KIRCHE SEIN

Eine neue Verkündigung: Christus lebt, er ist auferstanden; eine neue Sprache: die Sprache der Liebe. Die Jünger sind von einer Kraft erfüllt, die aus der Höhe kommt, und sprechen mutig – wenige Minuten vorher waren sie alle Feiglinge, doch nun sprechen sie mutig und offen, mit der Freiheit des Heiligen Geistes. Die Kirche ist immer berufen, so zu sein: fähig zu überraschen, indem sie allen verkündet, dass Jesus, der Christus, den Tod besiegt hat, dass die Arme Gottes immer offen sind, dass uns seine Geduld immer erwartet, um uns zu heilen, um uns zu vergeben. Gerade für diese Sendung hat der auferstandene Jesus der Kirche seinen Geist geschenkt. [...] Wenn die Kirche lebendig ist, muss sie immer überraschen. Eine Kirche, die nicht imstande ist, zu überraschen, ist eine schwache, kranke, sterbende Kirche.

Regina Coeli am 8. Juni 2014

Mittwoch

MAI **18** Johannes I., Felix von Cantalice, Dietmar von Neumünster

KOMM, HEILIGER GEIST

Die Kirche braucht den Heiligen Geist, ganz sicher! Für jeden Christen ist es notwendig, in seinem Leben sein Herz dem heiligenden Wirken des Heiligen Geistes zu öffnen. Der vom Vater verheißene Geist ist der, der uns Jesus Christus offenbart, der uns die Möglichkeit gibt zu sagen: Jesus! Ohne den Heiligen Geist können wir das nicht sagen. Er offenbart uns Jesus Christus, führt uns zur persönlichen Begegnung mit ihm und verwandelt so unser Leben.

Ansprache an die Catholic Fraternity of Charismatic Communities am 31. Oktober 2014

GOTT BITTEN

Niemand kann leben, ohne zu atmen. Dasselbe gilt für den Christen: ohne Lobpreis und ohne Mission lebt er nicht als Christ. Und mit dem Lob die Anbetung. Man spricht von anbeten, davon spricht man wenig. »Was tut man im Gebet?« – »Ich bitte Gott um etwas, ich danke, man hält Fürbitte …« Die Anbetung, Gott anbeten. Das ist Teil des Atmens: Lob und Anbetung. Die Charismatische Erneuerung war es, die die Kirche an die Notwendigkeit und Wichtigkeit des Lobgebetes erinnert hat.

Ansprache an die Catholic Fraternity of Charismatic Communities am 31. Oktober 2014

Freitag

MAI 20 Bernhardin von Siena, Valeria, Elfriede von Mercien

LOBPREIS DER GANZEN KIRCHE

Wenn man in der Kirche vom Lobgebet spricht, dann kommen einem sofort die Charismatiker in den Sinn. Als ich in einer Messe in Santa Marta über den Lobpreis gesprochen habe, habe ich gesagt, dass dies nicht nur das Gebet der Charismatiker ist, sondern der ganzen Kirche! Es ist die Anerkennung der Herrschaft Gottes über uns und über die ganze Schöpfung, ausgedrückt im Tanz, in der Musik und im Gesang.

Ansprache an die Catholic Fraternity of Charismatic Communities am 31. Oktober 2014

DIMENSION DER LIEBE

Ein Kind liebt man, weil es das eigene Kind ist: nicht weil es schön ist oder weil es so und so ist. Nein, weil es das Kind ist! Nicht weil es so denkt wie ich oder meine Wünsche verkörpert. Ein Kind ist ein Kind: ein Leben, das von uns gezeugt wurde, aber für das Kind selbst, für sein Wohl, für das Wohl der Familie, der Gesellschaft, der ganzen Menschheit bestimmt ist. Hieraus entspringt auch die Tiefe der menschlichen Erfahrung, Sohn oder Tochter zu sein, die es uns gestattet, die unentgeltliche Dimension der Liebe zu entdecken, die nie aufhört, uns in Staunen zu versetzen.

Generalaudienz am 11. Februar 2015

UNENTGELTLICHKEIT DER LIEBE

Es ist die Schönheit, zuerst geliebt zu sein: Die Kinder werden schon geliebt, bevor sie ankommen. Wie oft begegne ich auf dem Petersplatz Müttern, die mir den Bauch zeigen und mich um den Segen bitten ... diese Kinder werden geliebt, bevor sie zur Welt kommen.
Und das ist Unentgeltlichkeit, das ist Liebe: Sie werden schon vor der Geburt geliebt, so wie die Liebe Gottes uns immer zuerst liebt. Sie werden geliebt, bevor sie irgend etwas getan haben, um es zu verdienen, bevor sie sprechen oder denken können, sogar bevor sie zur Welt kommen! Kinder zu sein ist die Grundvoraussetzung, um die Liebe Gottes kennenzulernen, der die letzte Quelle dieses wahren Wunders ist.

Generalaudienz am 11. Februar 2015

Montag

Desiderius von Langres,
Wigbert von Gorze

23 MAI

ER GEHT UNS VORAN

Wir können das gute Verhältnis zwischen den Generationen von unserem himmlischen Vater lernen, der einem jeden von uns die Freiheit lässt, uns aber nie allein lässt. Und wenn wir einen Fehler machen, dann begleitet er uns weiterhin mit Geduld, ohne dass seine Liebe zu uns nachlässt. Der himmlische Vater macht keine Schritte zurück in seiner Liebe zu uns. Nie! Er geht stets voran, und wenn er nicht vorangehen kann, dann wartet er auf uns, aber er geht nie zurück. Er will, dass seine Kinder mutig sind und ihre Fortschritte machen.

Generalaudienz am 11. Februar 2015

Dienstag

MAI 24 Maria – Hilfe der Christen,
Ester, Johanna, Dagmar von Dänemark

AUF GOTT HÖREN

Vom Heiligen Geist erbitten wir vor allem die Gabe des Hörens: des Hörens auf Gott, so dass wir mit Ihm den Schrei des Volkes hören; des Hörens auf das Volk, so dass wir dort den Willen wahrnehmen, zu dem Gott uns ruft. Neben dem Hören bitten wir um die Bereitschaft zu einer ehrlichen, offenen und brüderlichen Auseinandersetzung.

Ansprache zur Vorbereitung auf die Familiensynode am 4. Oktober 2014

HERAUSFORDERUNG DER LIEBE

Mit den vielen Medien sind wir heute informiert, ja, überinformiert. Ist das schlecht? Nein! Es ist gut und hilfreich. Doch wir laufen Gefahr, zu leben, indem wir Informationen anhäufen. Und wir besitzen viele Informationen, doch vielleicht wissen wir nicht, wie wir mit ihnen umgehen sollen. Wir sind in Gefahr, uns in »Museums-Jugendliche« zu verwandeln, die alles haben, aber nicht wissen, was sie damit anfangen sollen. Wir brauchen keine »Museums-Jugendlichen«, sondern weise junge Menschen. Ihr könntet mich fragen: Vater, wie kann man es erreichen, weise zu sein? Und das ist eine weitere Herausforderung: die Herausforderung der Liebe.

Ansprache an die Jugendlichen in Manila am 18. Januar 2015

LIEBEN LERNEN

Was ist der wichtigste Lehrstoff, den man an der Universität lernen muss? Was ist der wichtigste Lehrstoff, den es im Leben zu lernen gilt? Lieben lernen. Und das ist die Herausforderung, die das Leben heute an euch stellt: Lieben lernen! Nicht nur Informationen anhäufen – es kommt der Moment, in dem du nichts damit anzufangen weißt; das ist ein Museum –, sondern durch die Liebe dafür sorgen, dass diese Information fruchtbar sei. Dafür bietet uns das Evangelium einen unbeschwerten, ruhigen Weg: die drei Sprachen verwenden – die Sprache des Verstandes, die Sprache des Herzens und die Sprache der Hände. Und diese drei Sprachen im Einklang miteinander: Was du denkst, das empfindest du und das verwirklichst du.

Ansprache an Jugendliche in Manila am 18. Januar 2015

Freitag

Augustinus von Canterbury,
Bruno von Würzburg

27 MAI

ÜBERRASCHUNGEN FINDEN

Die wahre Liebe besteht darin, zu lieben und sich lieben zu lassen. Es ist schwieriger, sich lieben zu lassen, als zu lieben. Darum ist es so schwer, zur vollkommenen Gottesliebe zu gelangen, denn wir können ihn lieben, doch das Wichtige ist, uns von ihm lieben zu lassen. Die wahre Liebe ist, sich dieser Liebe zu öffnen, die uns zuvorkommt und die eine Überraschung in uns auslöst. Wenn ihr nur all die Information habt, seid ihr nicht offen für Überraschungen. Die Liebe öffnet dich für die Überraschungen; die Liebe ist immer eine Überraschung, denn sie setzt einen Dialog zwischen zwei Personen voraus: zwischen dem, der liebt, und dem, der geliebt wird.

Ansprache an Jugendliche in Manila am 18. Januar 2015

Samstag

MAI 28 Wilhelm von Aquitanien, Germanus von Paris

GOTT DER ÜBERRASCHUNGEN

Und von Gott sagen wir, dass er der Gott der Überraschungen ist, denn er hat uns immer zuerst geliebt, und er erwartet uns mit einer Überraschung. Gott überrascht uns. Lassen wir uns von Gott überraschen! Und lasst uns nicht die Psychologie des Computers haben: uns einzubilden, alles zu wissen! Wie ist das? Warte einen Augenblick, und der Computer hat alle Antworten – keine Überraschung. In der Herausforderung der Liebe offenbart Gott sich mit Überraschungen.

Ansprache an Jugendliche in Manila am 18. Januar 2015

HOFFNUNG SUCHEN

Christen, die stillstehen: Das tut nicht gut, denn was stillsteht, was sich nicht bewegt, verdirbt, wie stehendes Wasser: Das Wasser, das zuerst verdirbt, ist das Wasser, das nicht fließt … Es gibt Christen, die das Auf-dem-Weg-Sein mit dem »Umherschweifen« verwechseln. Sie sind keine »Wandelnden«, sondern Umherirrende und schweifen hierhin und dorthin im Leben. Sie befinden sich im Labyrinth und dort gehen sie unablässig umher … Es fehlt ihnen die »parrhesia«, der Mut, voranzugehen; es fehlt ihnen die Hoffnung.

Ansprache in Caserta am 28. Juli 2014

Montag

MAI **30** Jeanne d'Arc (Johanna von Orleans), Ferdinand III., Reinhild von Westerkappeln

SICH AUF DEN WEG MACHEN

Die Christen ohne Hoffnung schweifen im Leben umher; sie sind nicht fähig voranzugehen. Wir sind nur dann sicher, wenn wir in der Gegenwart Jesu, des Herrn, wandeln. Er erleuchtet uns, er schenkt uns seinen Geist, um gut voranzugehen. Ich denke an Jakob, den Enkel Abrahams. Er lebte dort in aller Ruhe mit seinen Kindern. Aber an einem bestimmten Punkt kam die Hungersnot, und er sagte zu seinen Söhnen, zu seinen elf Söhnen, von denen zehn des Verrats schuldig waren, weil sie ihren Bruder verkauft hatten: »Zieht nach Ägypten, geht dorthin, um Nahrung zu kaufen, denn wir haben Geld, aber wir haben keine Nahrung. Nehmt Geld mit und kauft sie dort, wo es sie geben soll.« Und sie machten sich auf den Weg: Statt Nahrung zu finden, haben sie einen Bruder gefunden! Und das ist wunderschön!

Ansprache in Caserta am 28. Juli 2014

SPALTUNGEN VERMEIDEN

Wenn man in der Gegenwart Gottes geht, gibt es diese Brüderlichkeit. Wenn wir dagegen stillstehen, schauen wir einander zu sehr an, geraten wir auf einen anderen Weg … einen ganz schlechten, schlimmen! Den Weg des Geschwätzes. Und man beginnt: »Weißt du etwa nicht?« – »Nein, nein, ich weiß nichts von dir. Ich weiß von diesem und jenem …« – »Ich halte zu Paulus – ich zu Apollos – ich zu Petrus« … Und so beginnen sie, so hat vom ersten Augenblick an die Spaltung in der Kirche begonnen.

Ansprache in Caserta am 28. Juli 2014

Mittwoch

JUNI 01 Justin der Märtyrer, Simeon von Trier, Lucia

VERSUCHUNGEN WIDERSTEHEN

Es ist nicht der Heilige Geist, der die Spaltung hervorbringt! Er bringt etwas hervor, das ihr recht ähnlich ist, aber nicht die Spaltung. Es ist nicht der Herr, der die Spaltung hervorbringt! Die Spaltung bringt der Neider hervor, der König des Neids, der Vater des Neids: der Säer des Unkrauts, Satan. Er mischt sich unter die Gemeinschaften und bringt Spaltungen hervor, immer! Vom ersten Augenblick, vom ersten Augenblick des Christentums an gab es in der christlichen Gemeinde diese Versuchung.

Ansprache in Caserta am 28. Juli 2014

FÜR DIE EINHEIT BETEN

»Ich halte zu diesem.« »Ich halte zu jenem.« »Nein! Ich bin die Kirche, du bist die Sekte …« Und wer daraus den Gewinn zieht, ist er, der Vater der Spaltung. Nicht Jesus, der für die Einheit gebetet hat (Johannes 17). Er hat dafür gebetet! Was bringt der Heilige Geist hervor? Ich habe gesagt, dass er etwas anderes hervorbringt, von dem man vielleicht meinen könnte, es sei Spaltung, es ist aber keine. Der Heilige Geist bringt die »Vielfalt« in der Kirche hervor: Erster Brief an die Korinther, Kapitel 12.

Ansprache in Caserta am 28. Juli 2014

HERZ-JESU-FEST
Karl Lwanga, Erasmus von Antiochia (Elmo), Kevin von Wicklow

VERSÖHNT IN VIELFALT

Er bringt die Vielfalt hervor! Und diese Vielfalt ist wirklich sehr reich, sehr schön. Aber außerdem bringt der Heilige Geist auch die Einheit hervor, und so ist die Kirche eine in der Vielfalt. Sie ist – um ein schönes Wort eines evangelischen Christen zu gebrauchen, das ich sehr liebe – eine vom Heiligen Geist »versöhnte Vielfalt«. Er bringt beides hervor: Er bringt die Vielfalt der Geistesgaben und außerdem die Harmonie der Geistesgaben hervor. Daher sagten die frühen Theologen der Kirche, die frühen Kirchenväter – ich spreche vom dritten oder vierten Jahrhundert: »Der Heilige Geist ist Harmonie«, denn er schafft diese harmonische Einheit in der Vielfalt.

Ansprache in Caserta am 28. Juli 2014

FREUDE DES EVANGELIUMS

Und uns, die wir auf dem Weg der Einheit sind, tut es gut, das Fleisch Christi zu berühren. In die Randgebiete gehen, dorthin, wo es viel Not oder – besser gesagt – viele Notleidende gibt, viele Notleidende ... Auch Menschen, die Not leiden an Gott, die Hunger haben – aber nicht nach Brot, sie haben viel Brot –, sondern nach Gott! Und dorthin gehen, um diese Wahrheit zu verkünden: Jesus Christus ist der Herr, und er rettet dich. Aber stets hingehen und das Fleisch Christi berühren! Man kann kein rein intellektuelles Evangelium verkündigen: Das Evangelium ist Wahrheit, aber es ist auch Liebe, und es ist auch Schönheit! [...] Genau das ist die Freude des Evangeliums.

Ansprache in Caserta am 28. Juli 2014

Sonntag

JUNI **05**

10. SO. IM JAHRESKREIS
Bonifatius/Winfried, Ferdinand von Portugal, Meinwerk von Paderborn

DAS GESCHENK GOTTES

In der christlichen Perspektive ist das Charisma jedoch weit mehr als eine persönliche Eigenschaft, eine Veranlagung, die man vielleicht besitzt: Das Charisma ist eine Gnade, eine von Gott, dem Vater, durch das Wirken des Heiligen Geistes geschenkte Gabe. Und es ist eine Gabe, die einem Menschen nicht geschenkt wird, weil er besser ist als die anderen oder weil er sie verdient hätte: Es ist ein Geschenk, das Gott ihm macht, damit er sich mit derselben Unentgeltlichkeit und derselben Liebe in den Dienst der ganzen Gemeinschaft stellen kann, zum Wohl aller. Menschlich gesprochen könnte man es so sagen: »Gott gibt diese Eigenschaft, dieses Charisma jenem Menschen, aber nicht für ihn selbst, sondern damit er der ganzen Gemeinschaft dienen kann.«

Generalaudienz am 1. Oktober 2014

TALENTE ERKENNEN

Etwas Wichtiges, das gleich hervorgehoben werden muss, ist die Tatsache, dass man nicht allein verstehen kann, ob man ein Charisma hat und welches. Oft haben wir Menschen gehört, die sagen: »Ich habe diese Fähigkeit, ich kann sehr gut singen.« Und niemand hat den Mut zu sagen: »Sei lieber still, denn du quälst uns alle, wenn du singst!« Niemand kann sagen: »Ich habe dieses Charisma.« In der Gemeinschaft sprießen und blühen die Gaben, mit denen der Vater uns erfüllt; und in der Gemeinschaft lernt man, sie als Zeichen seiner Liebe zu allen seinen Kindern zu erkennen. Jeder von uns sollte sich also fragen: »Gibt es irgendein Charisma, das der Herr in mir hat entstehen lassen, in der Gnade seines Geistes, und das meine Brüder in der christlichen Gemeinschaft erkannt und ermutigt haben?

Generalaudienz am 1. Oktober 2014

Dienstag

JUNI 07 Robert von Newminster, Deochar (Dietger)

DIE GABEN GOTTES

Lebe ich sie [die Jahre der Charismen] mit Großherzigkeit, indem ich sie in den Dienst aller stelle, oder vernachlässige ich sie und vergesse sie am Ende? Oder lässt sie mich vielleicht stolz werden, so dass ich mich ständig über die anderen beklage und verlange, dass in der Gemeinschaft alles auf meine Art gemacht wird?« Diese Fragen müssen wir uns stellen: ob ich ein Charisma habe, ob dieses Charisma von der Kirche anerkannt ist, ob ich mit diesem Charisma zufrieden bin oder ob ich etwas neidisch bin auf die Charismen der anderen, ob ich dieses Charisma haben wollte und haben will. Das Charisma ist ein Gabe: Nur Gott schenkt es!

Generalaudienz am 1. Oktober 2014

Mittwoch

Ilga von Schwarzenberg (Helga),
Engelbert von Schäftlarn

08 JUNI

WAS DER HERR SCHENKT

Die schönste Erfahrung ist es jedoch zu entdecken, mit wie vielen verschiedenen Charismen und mit wie vielen seiner Geistesgaben der Vater seine Kirche erfüllt! Das darf nicht als Grund zur Verwirrung, zum Unbehagen betrachtet werden: Es sind alles Geschenke, die Gott der christlichen Gemeinschaft macht, damit sie einträchtig wachsen kann, im Glauben und in seiner Liebe, als ein Leib, der Leib Christi.

Generalaudienz am 1. Oktober 2014

Donnerstag

JUNI **09** Gratia, Ephräm der Syrer, Vinzenz von Agen, Anna Maria Taigi, Gratia

ZUR FREUDE ÖFFNEN

Derselbe Geist, der diese unterschiedlichen Charismen hervorbringt, stellt die Einheit der Kirche her. Es ist stets derselbe Geist. Angesichts dieser Vielzahl von Charismen muss sich unser Herz also zur Freude öffnen, und wir müssen denken: »Wie schön! So viele verschiedene Gaben, denn wir sind alle Kinder Gottes und sind alle auf einzigartige Weise geliebt.« Wehe also, wenn diese Gaben Anlass geben zu Neid, Spaltung, Eifersucht!

Generalaudienz am 1. Oktober 2014

SCHÖNHEIT UND KRAFT

Wie der Apostel Paulus im Ersten Brief an die Korinther im 12. Kapitel sagt, sind alle Charismen in den Augen Gottes wichtig, und gleichzeitig ist niemand unersetzlich. Das heißt, dass wir in der christlichen Gemeinschaft einander brauchen und jede empfangene Gabe sich in ganzer Fülle entfaltet, wenn sie mit den Brüdern geteilt wird, zum Wohl aller. Das ist die Kirche! Und wenn die Kirche kraft der Vielfalt ihrer Charismen als Gemeinschaft zum Ausdruck kommt, kann sie nicht irren: Das ist die Schönheit und die Kraft des »sensus fidei«, jenes übernatürlichen Glaubenssinnes, der vom Heiligen Geist geschenkt wird, damit wir alle gemeinsam in das Herz des Evangeliums eintreten und lernen können, Jesus in unserem Leben nachzufolgen.

Generalaudienz am 1. Oktober 2014

Samstag

JUNI **11** Apostel Barnabas, Aleydis von Schaerbeek (Adelheid, Alice), Jolenta

GRENZEN ERKENNEN

Oft machen wir als Kirche die Erfahrung unserer Schwäche und unserer Grenzen. Wir alle haben sie. Wir alle sind Sünder. Niemand von uns allen kann sagen: »Ich bin kein Sünder.« Wenn aber jemand von uns sich nicht als Sünder fühlt, hebe er die Hand. Wir alle sind es. Und diese Schwäche, diese Grenzen, unsere Sünden müssen in uns ein tiefes Bedauern hervorrufen, vor allem, wenn wir ein schlechtes Vorbild sind und merken, dass wir Grund des Anstoßes werden.

Generalaudienz am 29. Oktober 2014

Sonntag

11. SO. IM JAHRESKREIS
Leo III., Gaspare Bertoni, Odulf, Hildegard Burjan

12 JUNI

ZEUGNIS GEBEN

Wie oft haben wir in unserem Umfeld gehört: »Aber der da geht immer in die Kirche und spricht schlecht über alle ...« Das ist nicht christlich, das ist ein schlechtes Beispiel: Es ist eine Sünde. Und so geben wir ein schlechtes Beispiel: »Was nun, wenn der oder die Christ ist, dann werde ich Atheist.« Unser Zeugnis besteht darin zu vermitteln, was es bedeutet, Christ zu sein. Bitten wir darum, nicht Ursache dafür zu sein, dass jemand Anstoß nimmt. Bitten wir um das Geschenk des Glaubens, damit wir verstehen können, dass der Herr uns trotz unserer Begrenztheit und unserer Armut wirklich zum Werkzeug der Gnade und zu einem sichtbaren Zeichen seiner Liebe zur ganzen Menschheit gemacht hat. Wir können Grund zum Anstoß werden, ja. Aber wir können auch Grund zum Zeugnis werden, indem wir mit unserem Leben das sagen, was Jesus von uns will.

Generalaudienz am 29. Oktober 2014

ENTSCHEIDUNGEN FINDEN

[Wir kennen den Satz:] »Gebt dem Kaiser, was dem Kaiser gehört, und Gott, was Gott gehört!« (Mt 22,21).
Auf die Provokation der Pharisäer, die Jesus sozusagen einer Prüfung in Religion unterziehen und ihn zu einem Fehler verleiten wollten, antwortet er mit diesem ironischen und genialen Satz. Es ist eine einprägsame Antwort, die der Herr allen gibt, die Gewissensprobleme haben, vor allem wenn ihre Vorteile, ihr Reichtum, ihr Ansehen, ihre Macht und ihr Ruf auf dem Spiel stehen.

Predigt zur Abschluss der Bischofssynode und Seligsprechung von Papst Paul VI. am 19. Oktober 2014

Dienstag

Burchard von Meißen, Gottschalk der Wende,
Meinrad Eugster, Elischa

14 JUNI

WAS GOTT GEHÖRT

Die Betonung liegt bei Jesus sicher auf dem zweiten Teil des Satzes: »Und [gebt] Gott, was Gott gehört!« Das bedeutet, gegenüber jeder Art von Macht zu erkennen und zu bekennen, dass Gott allein der Herr des Menschen ist und es keinen anderen gibt. Das ist das ewig Neue, das man täglich wiederentdecken muss, indem man die Furcht überwindet, die uns oft angesichts der Überraschungen Gottes überkommt. Er hat keine Angst vor dem Neuen! Darum überrascht er uns ständig, indem er ungeahnte Wege vor uns auftut und uns zu ihnen hinführt. Er erneuert uns, das heißt er lässt uns ständig »neu« werden. Ein Christ, der das Evangelium lebt, ist »die Neuheit Gottes« in der Kirche und in der Welt. Und Gott liebt diese »Neuheit« sehr!

Predigt zur Abschluss der Bischofssynode und Seligsprechung von Papst Paul VI. am 19. Oktober 2014

Mittwoch

JUNI **15** Vitus (Veit), Klara Fietz, Bernhard von Aosta, Lothar von Séez

DEN WILLEN GOTTES LEBEN

»Gott geben, was Gott gehört«, bedeutet, sich seinem Willen zu öffnen, ihm unser Leben zu widmen und an seinem Reich der Barmherzigkeit, der Liebe und des Friedens mitzuarbeiten.

Darin liegt unsere wahre Kraft, das Ferment, das sie treibt, und das Salz, das jedem menschlichen Bemühen gegen den vorherrschenden Pessimismus, den die Welt uns vorlegt, Geschmack verleiht. Darin liegt unsere Hoffnung, denn die Hoffnung auf Gott ist keine Realitätsflucht, sie ist kein Alibi: Sie bedeutet, Gott tatkräftig das zurückzugeben, was ihm gehört. Das ist der Grund, warum der Christ auf die zukünftige Wirklichkeit, auf die Wirklichkeit Gottes schaut, um das Leben in Fülle zu leben – mit beiden Beinen auf der Erde – und mutig den unzähligen neuen Herausforderungen zu begegnen.

Predigt zur Abschluss der Bischofssynode und Seligsprechung von Papst Paul VI. am 19. Oktober 2014

Donnerstag

Benno von Meißen,
Luitgard von Tongern

16 JUNI

WAS DER GEIST SÄT

Gott wohnt in der Stadt. Dort, wo Er am Werk ist, müssen wir ihn suchen und verweilen. Ich weiß, dass das auf den verschiedenen Kontinenten nicht dasselbe ist, aber wir müssen in der Religiosität unserer Völker die authentische religiöse Grundlage entdecken, die in vielen Fällen christlich und katholisch ist. Nicht in allen: es gibt Formen von Religiosität, die nicht christlich sind. Aber hier müssen wir ansetzen, am Kern. Wir dürfen diese Gotteserfahrung weder verkennen noch missachten, die – obgleich sie zuweilen diffus oder mit anderem vermischt ist – entdeckt und nicht konstruiert werden will. Hier finden wir die semina Verbi, die der Geist des Herrn gesät hat.

Ansprache an die Teilnehmer des Internationalen Kongresses der Großstadtpastoral am 27. November 2014

Freitag

JUNI 17

Adam H. Albert Chmielowski,
Fulko von Reims (Falko), Rainer von Pisa

EVANGELISIERUNG PRAKTIZIEREN

Es ist nicht gut, vorschnelle, verallgemeinernde Schlüsse zu ziehen, in der Art: »Das ist nur ein Ausdruck natürlicher Religiosität.« Nein, das kann man nicht sagen! Und hier können wir mit dem evangelisierenden Dialog beginnen, wie es Jesus mit der samaritanischen Frau getan hat und sicher mit vielen anderen, weit über Galiläa hinaus. Und der evangelisierende Dialog braucht das Bewusstsein der eigenen christlichen Identität und auch die Empathie für den anderen Menschen.

Ansprache an die Teilnehmer des Internationalen Kongresses der Großstadtpastoral am 27. November 2014

HINAUSGEHEN

Es geht um eine wahre kirchliche Veränderung. Alles wird aus der Perspektive der Mission gesehen. Eine Veränderung der Mentalitäten: statt zu empfangen, geht man hinaus; statt darauf zu warten, dass die anderen zu uns kommen, geht man auf sie zu. Hier liegt für mich der Schlüssel! Hinausgehen, um Gott zu begegnen, der in der Stadt und in den Armen wohnt. Hinausgehen, um den Menschen zu begegnen, um zuzuhören, um zu segnen, um mit ihnen gemeinsam den Weg zu gehen. Und um die Begegnung mit dem Herrn leichter zu machen. Das Sakrament der Taufe zugänglich machen. Offene Kirchen. Sekretariate mit Öffnungszeiten, die der arbeitenden Bevölkerung entgegenkommen. Katechesen, deren Inhalte und Veranstaltungszeiten an die Stadt angepasst sind.

Ansprache an die Teilnehmer des Internationalen Kongresses der Großstadtpastoral am 27. November 2014

Sonntag

JUNI **19** 12. SO. IM JAHRESKREIS
Elisabeth von Schönau, Juliana Falconieri

GLAUBEN WECKEN

Es fällt uns leichter, das Wachsen des Glaubens als seine Entstehung zu unterstützen. […] Wir müssen lernen, […] Neugier und Interesse für Jesus zu wecken. Diese Neugier hat einen heiligen Schutzpatron: Zachäus. Bitten wir ihn, uns dabei zu helfen, diese Neugier zu wecken. Und dann dazu einzuladen, ja zu Ihm zu sagen und Ihm nachzufolgen. Wir müssen lernen, den Glauben zu wecken. Glauben wecken! Und dann nicht dahin und dorthin gehen … Nein! Säen! Wenn der Glaube beginnt, dann wird der Heilige Geist schon dafür sorgen, dass die betreffende Person zu mir oder einem anderen zurückkommt und darum bittet, noch einen Schritt weiter zu gehen, einen Schritt weiter … Glauben wecken.

Ansprache an die Teilnehmer des Internationalen Kongresses der Großstadtpastoral am 27. November 2014

Montag

Adalbert von Magdeburg,
Margarete Ebner

20 JUNI

CHRISTSEIN PRAKTIZIEREN

Mit dem Zeugnis können wir bis an die Wurzel vordringen; an jenen Ort, wo die Kultur entsteht. Durch das Zeugnis sät die Kirche das Senfkorn aus, aber sie tut dies im Herzen der Kulturen selbst, die in den Städten im Entstehen begriffen sind. Das konkrete Zeugnis der Barmherzigkeit und der Zärtlichkeit, das in den existentiellen und armen Peripherien präsent sein will, wirkt direkt auf die soziale Vorstellung ein, gibt dem Leben der Stadt so Orientierung und Sinn. So tragen wir als Christen dazu bei, eine Stadt zu bauen in Gerechtigkeit, Solidarität und Frieden.

Ansprache an die Teilnehmer des Internationalen Kongresses der Großstadtpastoral am 27. November 2014

DIE GABEN DES HEILIGEN GEISTES

Dem Menschen, der nach Heil dürstet, zeigt Jesus sich als Quelle, aus der man schöpfen kann, als Fels, aus dem der Vater Ströme von lebendigem Wasser fließen lässt für alle, die an ihn glauben (vgl. Joh 7,38). Mit dieser in Jerusalem öffentlich verkündeten Prophetie kündigt Jesus die Gabe des Heiligen Geistes an, die seine Jünger nach seiner Verherrlichung, das heißt nach seinem Tod und seiner Auferstehung empfangen werden.

Homilie in der Katholischen Heilig-Geist-Kathedrale in Istanbul am 29. November 2014

SENDUNG DER KIRCHE

Der Heilige Geist ist die Seele der Kirche. *Er schenkt das Leben, erweckt die verschiedenen Charismen*, die das Volk Gottes bereichern, und vor allem schafft er die Einheit unter den Gläubigen: Aus vielen bildet er einen einzigen Leib, den Leib Christi. Das ganze Leben und die Sendung der Kirche hängen vom Heiligen Geist ab; er verwirklicht alles.

Homilie in der Katholischen Heilig-Geist-Kathedrale in Istanbul am 29. November 2014

Donnerstag

JUNI **23** Peter Friedhofen, Josef (Giuseppe) Cafasso, Edeltraut von Ely

BEGEGNEN LERNEN

Selbst das Bekenntnis des Glaubens ist, wie der heilige Paulus erinnert, nur möglich, weil es vom Heiligen Geist eingegeben wird: »Keiner kann sagen: Jesus ist der Herr!, wenn er nicht aus dem Heiligen Geist redet« (1 Kor 12,3b). Wenn wir beten, tun wir es, weil der Heilige Geist in uns das Gebet im Herzen auslöst. Wenn wir den Kreis unseres Egoismus durchbrechen, aus uns heraus- und auf die anderen zugehen, um ihnen zu begegnen, ihnen zuzuhören, ihnen zu helfen, ist es der Geist Gottes, der uns dazu gedrängt hat.

Homilie in der Katholischen Heilig-Geist-Kathedrale in Istanbul am 29. November 2014

Freitag

GEBURT JOHANNES' DES TÄUFERS
Dietger von Thüringen, Theodulf

24 JUNI

ZÄRTLICHKEIT ERFAHREN

Wenn wir in uns eine bisher unbekannte Fähigkeit zum Verzeihen entdecken und zur Liebe gegenüber dem, der uns nicht mag, dann ist es der Geist, der uns ergriffen hat. Wenn wir über die Höflichkeitsfloskeln hinausgehen und uns den Mitmenschen mit jener zärtlichen Liebe zuwenden, die das Herz erwärmt, sind wir mit Sicherheit vom Heiligen Geist berührt worden.

Homilie in der Katholischen Heilig-Geist-Kathedrale in Istanbul am 29. November 2014

Samstag

JUNI

25

Wilhelm von Vercelli, Eleonore von England, Dorothea von Montau

VERSCHIEDENHEIT UND EINHEIT

Der Heilige Geist erweckt die verschiedenen Charismen in der Kirche; auf den ersten Blick scheint das Unordnung zu schaffen, in Wirklichkeit stellt es aber unter seiner Führung einen gewaltigen Reichtum dar, denn der Heilige Geist ist der Geist der Einheit, die nicht etwa Einheitlichkeit bedeutet. Nur der Heilige Geist kann die Verschiedenheit, die Vielfalt hervorrufen und zugleich die Einheit bewirken. Wenn wir es sind, die die Verschiedenheit erzeugen wollen und uns dabei in unseren Partikularismen und Exklusivismen verschließen, schaffen wir Spaltung; und wenn wir es sind, die nach unseren menschlichen Plänen die Einheit herstellen wollen, führen wir schließlich Uniformität und Vereinheitlichung herbei.

Homilie in der Katholischen Heilig-Geist-Kathedrale in Istanbul am 29. November 2014

Sonntag

13. SO. IM JAHRESKREIS
Johannes und Paulus von Rom,
Josemaría Escrivá, Vigilius von Trient

26 JUNI

ZUSAMMENHALT LEBEN

Die Vielzahl der Glieder und der Charismen findet ihr harmonisierendes Prinzip im Geist Christi, den der Vater gesandt hat und den er weiter sendet, um unter den Gläubigen *die Einheit zu vollbringen*. Der Heilige Geist wirkt die Einheit der Kirche: Einheit im Glauben, Einheit in der Liebe, Einheit im inneren Zusammenhalt. Die Kirche und die Kirchen sind berufen, sich vom Heiligen Geist leiten zu lassen, indem sie eine Haltung der Offenheit, der Gelehrigkeit und des Gehorsams einnehmen. Er ist es, der die Kirche harmonisiert. Es kommt mir dieses schöne Wort des heiligen Basilius des Großen in den Sinn: *Ipse harmonia est* – Er selbst ist die Harmonie!

Homilie in der Katholischen Heilig-Geist-Kathedrale in Istanbul am 29. November 2014

Montag

JUNI 27 Cyrill von Alexandrien, Hemma von Gurk (Emma)

PERSPEKTIVE DER HOFFNUNG

Es handelt sich um eine Perspektive der Hoffnung, die aber zugleich mühevoll ist, insofern in uns ständig die Versuchung vorhanden ist, dem Heiligen Geist Widerstand zu leisten, denn er bringt die Kirche in Verwirrung, rüttelt sie auf, setzt sie in Bewegung und drängt sie, voranzugehen. Und es ist immer einfacher und bequemer, sich in den eigenen statischen und unbeweglichen Positionen auszustrecken.

Homilie in der Katholischen Heilig-Geist-Kathedrale in Istanbul am 29. November 2014

Dienstag

Irenäus von Lyon, Diethild,
Ekkehard von Huysburg

28 JUNI

VOM GEIST FÜHREN LASSEN

Tatsächlich erweist sich die Kirche in dem Maß treu gegenüber dem Heiligen Geist, in dem sie nicht den Anspruch erhebt, ihn zu regeln und zu zähmen. Und die Kirche erweist sich auch treu gegenüber dem Heiligen Geist, wenn sie die Versuchung beiseiteschiebt, Nabelschau zu betreiben. Und wir Christen werden echte missionarische Jünger, die fähig sind, die Gewissen anzusprechen, wenn wir eine Verteidigungshaltung ablegen, um uns vom Geist führen zu lassen. Er ist Frische, Fantasie, Neuheit.

Homilie in der Katholischen Heilig-Geist-Kathedrale in Istanbul am 29. November 2014

Mittwoch

JUNI **29**

APOSTEL PETRUS UND PAULUS
Judith von Nierderaltaich,
Gero von Köln, Salome

DAS FEUER DES HEILIGEN GEISTES

Unsere Verteidigung kann sich zeigen in der übertriebenen Verschanzung hinter unseren Ideen, hinter unseren Kräften – doch auf diese Weise gleiten wir in den Pelagianismus ab –, oder in einer Haltung von Ehrsucht und Eitelkeit. Diese Verteidigungsmechanismen hindern uns daran, die anderen wirklich zu verstehen und uns für einen aufrichtigen Dialog mit ihnen zu öffnen. Doch die Kirche, die aus dem Pfingstereignis hervorgegangen ist, empfängt als Gabe das Feuer des Heiligen Geistes, das nicht so sehr den Geist mit Ideen erfüllt, sondern vielmehr das Herz entflammt; sie ist vom Wind des Geistes erfasst, der nicht eine Macht überträgt, sondern zu einem Dienst der Liebe befähigt – eine Sprache, die jeder zu verstehen vermag.

Homilie in der Katholischen Heilig-Geist-Kathedrale in Istanbul am 29. November 2014

ZEICHEN SETZEN

Je mehr wir uns auf unserem Weg des Glaubens und des brüderlichen Lebens demütig vom Geist des Herrn führen lassen, umso mehr werden wir die Verständnislosigkeiten, die Spaltungen und die Streitigkeiten überwinden und ein glaubwürdiges Zeichen von Einheit und Frieden sein. Ein glaubwürdiges Zeichen, dass unser Herr auferstanden ist, dass er lebt.

Homilie in der Katholischen Heilig-Geist-Kathedrale in Istanbul am 29. November 2014

Freitag

JULI 01

Dietrich von Reims, Hechard von Scheda (Eckard), Radegund von Wellenburg

LEBENSSINN FINDEN

Wisst ihr woher das Wort stammt: »Enthusiasmus«? Es kommt aus dem Griechischen und heißt soviel wie »etwas Göttliches in sich haben« oder »in Gott sein«. Die Begeisterung zeigt, wenn sie gesunder Art ist, Folgendes: Dass jemand ein göttliches Element in sich trägt und es voller Freude zum Ausdruck bringt. Seid – erfüllt von dieser Begeisterung – offen für die Hoffnung und strebt nach Fülle –, verlangt danach, eurer Zukunft, eurem ganzen Leben einen Sinn zu verleihen, den Weg ausfindig zu machen, der für jeden Einzelnen von euch geeignet ist.

Ansprache an die Jugendlichen der Diözese Abruzzen und Molise am 5. Juli 2014

Samstag

MARIÄ HEIMSUCHUNG
Jakob Friedrich Bussereau,
Wiltrud von Hohenwart

02 JULI

DEN RICHTIGEN WEG FINDEN

Wählt den Weg, der euch Gelassenheit und menschliche Verwirklichung zu schenken vermag. Den richtigen Weg, sich für einen Weg entscheiden … was heißt das? Nicht stillzustehen – ein junger Mensch soll nicht stillstehen!
Er soll vorangehen. Das heißt, einem Ziel entgegengehen; denn man kann sich zwar bewegen und trotzdem einer sein, der nicht vorangeht, sondern einer, »der herumschweift«, der im Leben Pirouetten dreht, um sich kreist, der sich im Kreis dreht … Aber das Leben ist nicht dazu da, dass man »sich im Kreis dreht«, es ist dazu da, »es zu durchwandern«, und das ist die Herausforderung, der ihr euch stellen müsst!

Ansprache an die Jugendlichen der Diözese Abruzzen und Molise am 5. Juli 2014

Sonntag

JULI **03** 14. SO. IM JAHRESKREIS
Apostel Thomas, Joseph Lenzel

LICHT DES LEBENS

Ihr seid einerseits auf der Suche nach dem, was wirklich zählt, das der Zeit standhält und endgültig ist. Ihr seid auf der Suche nach Antworten, die euren Geist erhellen und euer Herz erwärmen, und zwar nicht nur für einen kurzen Augenblick oder für ein kurzes Stück des Weges, sondern für immer. Das Licht, das für immer im Herzen brennt, das Licht, das für immer im Geist aufstrahlt, das für immer und ewig erwärmte Herz. Andererseits verspürt ihr eine große Angst, Fehler zu begehen – es ist wahr, wer vorangeht, kann Fehler machen.

Ansprache an die Jugendlichen der Diözese Abruzzen und Molise am 5. Juli 2014

Montag

Ulrich von Augsburg, Elisabeth (Isabella) von Portugal, Berta von Blangy

04 JULI

UMKEHR FINDEN

Ihr habt Angst, euch zu stark in die Dinge verwickeln zu lassen – das habt ihr schon oft gehört –, die Versuchung, euch immer einen kleinen Fluchtweg offen zu lassen, der bei Bedarf immer neue Szenarien und Möglichkeiten eröffnen kann. Ich gehe in diese Richtung, ich wähle diese Richtung, aber ich lasse diese Türe offen: Wenn es mir dann nicht zusagt, kehre ich um und gehe. Diese Vorläufigkeit tut nicht gut; sie tut nicht gut, weil sie dir den Geist verdunkelt und das Herz erkalten lässt.

Ansprache an die Jugendlichen der Diözese Abruzzen und Molise am 5. Juli 2014

Dienstag

JULI **05** Antonius Maria Zaccaria, Kyrilla von Cyrene, Philomena, Lätizia

LEBENSZIELE LEBEN

Der Mensch sehnt sich danach, zu lieben und geliebt zu werden. Das ist eure tiefinnerste Ambition: lieben und geliebt zu werden; und das für immer. Die Kultur der Vorläufigkeit hebt nicht unsere Freiheit hervor, sondern sie raubt uns unsere eigentliche Bestimmung, die wahrsten und authentischsten Ziele. Es ist ein zerschlagenes Leben. Es ist traurig, wenn man in einem bestimmten Lebensalter auf den zurückgelegten Weg zurückblickt und feststellen muss, dass es in verschiedene Stücke zerschlagen wurde, ohne Einheit, ohne Endgültigkeit: Alles provisorisch ...

Ansprache an die Jugendlichen der Diözese Abruzzen und Molise am 5. Juli 2014

Mittwoch

Maria Goretti (Marietta),
Maria Theresia Ledóchowska

06 JULI

HABT MUT

Lasst euch nicht die Sehnsucht rauben, in eurem Leben große und dauerhafte Dinge zu vollbringen! Das ist es, was euch voranbringt. Begnügt euch nicht mit kleinen Etappensiegen! Strebt nach dem Glück, habt den Mut dazu, den Mut, über euch hinauszugehen und eure Zukunft ganz ins Spiel zu bringen, zusammen mit Jesus.

Ansprache an die Jugendlichen der Diözese Abruzzen und Molise am 5. Juli 2014

Donnerstag

JULI 07 Willibald von Eichstätt, Ethelburg von Faremoutier, Wunibald von Heidenheim

FOLGE MIR NACH

Allein können wir es nicht schaffen. In Anbetracht des Drucks, der durch die Ereignisse und die verschiedenen Moden ausgeübt wird, können wir allein es niemals schaffen, den rechten Weg zu finden, und selbst wenn wir ihn fänden, so hätten wir nicht genügend Kraft, durchzuhalten und die unvorgesehenen Steigungen und Hindernisse in Angriff zu nehmen. An diesem Punkt ergeht an uns die Einladung des Herrn Jesus: »Wenn du willst … folge mir nach.«

Ansprache an die Jugendlichen der Diözese Abruzzen und Molise am 5. Juli 2014

Freitag

Kilian von Würzburg,
Edgar der Friedfertige, Adolf IV.

08 JULI

VERBUNDEN IM GEBET

Jesus lädt uns ein, um uns auf dem Weg zu begleiten, nicht um uns auszubeuten, nicht um uns zu knechten, sondern um uns frei zu machen. Er lädt uns zu dieser Freiheit ein, um uns auf unserem Weg zu begleiten. So ist das. Nur gemeinsam mit Jesus – im Gebet mit ihm verbunden und in seiner Nachfolge – können wir klar sehen und die Kraft dazu erhalten, weiter zu machen. Er liebt uns auf immer, er hat uns auf immer auserwählt, er hat sich auf immer einem jeden von uns geschenkt. Er ist unser Verteidiger und großer Bruder und wird unser einziger Richter sein. Wie schön ist es doch, dem Auf und Ab des Daseins in der Gesellschaft Jesu entgegenzutreten, ihn und seine Botschaft bei uns zu haben!

Ansprache an die Jugendlichen der Diözese Abruzzen und Molise am 5. Juli 2014

Samstag

JULI 09 Augustin Zhao Rong, Agilolf von Köln, Veronika Giuliani

BEGLEITET VOM HERRN

Jesus beraubt uns weder unserer Autonomie noch unserer Freiheit; ganz im Gegenteil: indem er uns in unserer Schwäche stärkt, ermöglicht er es uns, wahrhaft frei zu sein, frei dazu, das Gute zu tun, stark genug, es auch weiter zu tun, dazu imstande, zu vergeben und dazu, um Vergebung zu bitten. Das ist Jesus, der uns begleitet, so ist der Herr!

Ansprache an die Jugendlichen der Diözese Abruzzen und Molise am 5. Juli 2014

MUT UND HOFFNUNG FINDEN

Gott wird es nie müde, zu vergeben. Und das ist wahr! Seine Liebe ist so groß, dass er uns immer nah ist. Wir sind diejenigen, die es müde werden, um Vergebung zu bitten, aber er vergibt immer, jedes Mal, wenn wir ihn darum bitten. Er vergibt endgültig, er tilgt unsere Sünde und vergisst sie, wenn wir uns demütig und vertrauensvoll an ihn wenden. Er hilft uns dabei, uns nicht entmutigen zu lassen, wenn wir in Schwierigkeiten sind, hilft dabei, sie nicht für unüberwindbar zu halten; und dann werft ihr, voller Vertrauen in ihn, erneut die Netze zu einem überraschenden und überreichen Fischfang aus, ihr werdet Mut und Hoffnung auch dann aufbringen, wenn ihr euch mit den Problemen herumschlagen müsst.

Ansprache an die Jugendlichen der Diözese Abruzzen und Molise am 5. Juli 2014

Montag

JULI 11

Benedikt von Nursia, Olga (Helga), Rachel (Rahel), Oliver Plunket

MIT GOTTES HILFE LEBEN

Mut und die Hoffnung sind in allen Menschen angelegt, aber sie stehen vor allem den Jugendlichen an: Mut und Hoffnung! Es ist gewiss, dass die Zukunft in den Händen Gottes liegt, den Händen eines vorausschauenden Vaters. Das heißt nicht, dass man die Schwierigkeiten und Probleme leugnet, sondern dass man sie – das ja! – als vorläufig und überwindbar betrachtet. Die Schwierigkeiten, die Krisen können mit Gottes Hilfe und dem guten Willen aller überwunden, besiegt und verwandelt werden.

Ansprache an die Jugendlichen der Diözese Abruzzen und Molise am 5. Juli 2014

EIN GESCHENK GOTTES

Es besteht eine enge Verbindung zwischen der Hoffnung eines Volkes und der Harmonie zwischen den Generationen. Darüber müssen wir gut nachdenken. Die Freude der Kinder lässt das Herz der Eltern erbeben und eröffnet neue Zukunft. Die Kinder sind die Freude der Familie und der Gesellschaft. Sie sind kein Problem der Reproduktionsbiologie und auch keiner der vielen Wege zur Selbstverwirklichung. Und sie sind erst recht kein Eigentum der Eltern … Nein. Kinder sind eine Gabe, sie sind ein Geschenk: Jedes ist einzigartig und unwiederholbar – und gleichzeitig unverkennbar mit seinen Wurzeln verbunden.

Generalaudienz am 11. Februar 2015

Mittwoch

JULI 13 Heinrich II. und Kunigunde, Joel, Sara die Einsiedlerin

DEM HERRN NACHFOLGEN

Denken wir an den heiligen Matthäus. Er war ein guter Finanzmann. Obendrein betrog er sein Heimatland, denn er zog die Steuern der Juden ein, um sie an die Römer auszuzahlen. Er hatte Geld in Fülle und kassierte die Steuern. Da kommt Jesus vorbei, sieht ihn an und sagt: »Komm, folge mir nach!« Er konnte es nicht glauben. Wenn ihr Zeit habt, schaut euch das Gemälde an, in dem Caravaggio diese Szene dargestellt hat. Jesus ruft ihn und zeigt auf ihn. Die bei ihm stehen, sagen: »Der da, der ein Verräter ist, ein unverschämter Kerl?«

Ansprache an Jugendliche in Manila am 18. Januar 2015

ZUERST GELIEBT

Matthäus klammert sich ans Geld und will es nicht liegen lassen. Doch die Überraschung, geliebt zu sein, überwältigte ihn, und er folgte Jesus. An jenem Morgen, als Matthäus zur Arbeit ging und sich von seiner Frau verabschiedete, hatte er nicht im Geringsten daran gedacht, dass er ohne Geld und in Eile zurückkehren würde, um sie zu bitten, ein Festmahl zu bereiten. Das Festmahl für den, der ihn zuerst geliebt hatte, der ihn mit etwas sehr Wichtigem überrascht hatte, das wichtiger war als alles Geld, das er besaß.

Ansprache an Jugendliche in Manila am 18. Januar 2015

Freitag

JULI **15** Bonaventura, Egino (Egon), Wladimir der Große (Waldemar), Donewald von Ogilvy (Donald)

VOM GUTEN BELOHNT

Das Gute ist Lohn seiner selbst und bringt uns Gott, dem höchsten Gut, näher. Es lässt uns denken wie er, es lässt uns die Wirklichkeit unseres Lebens im Licht seines Planes der Liebe für einen jeden von uns sehen, es lässt uns die kleinen Freuden des Alltags kosten und trägt uns in den Schwierigkeiten und Prüfungen. Das Gute belohnt uns unendlich mehr als das Geld, das hingegen enttäuscht, denn wir sind geschaffen, um die Liebe Gottes anzunehmen und unsererseits weiterzuschenken, und nicht, um alles auf der Grundlage des Geldes oder der Macht zu beurteilen – eine Gefahr, die uns alle umbringt.

Ansprache an die Freunde des Bethanien-Zentrums in Tirana am 21. September 2014

Samstag

Unsere Liebe Frau auf dem Berge Karmel
(Carmen), Elvira von Oeren, Irmgard

16 JULI

OHNE ANGST LEBEN

Das Geheimnis eines gelungenen Lebens ist, zu lieben und sich aus Liebe hinzugeben. Dann findet man die Kraft, sich *»freudig aufzuopfern«*, und der Einsatz, der am meisten einfordert, wird zur Quelle einer größeren Freude. Dann machen endgültige Lebensentscheidungen keine Angst mehr, sondern erscheinen in ihrem wahren Licht, als eine Weise, die eigene Freiheit vollkommen zu verwirklichen.

Ansprache an die Freunde des Bethanien-Zentrums in Tirana am 21. September 2014

Sonntag

JULI **17** 16. SO. IM JAHRESKREIS
Marina von Bithynien, Jadwiga von Polen (Hedwig), Alexius von Edessa

HÜTER DER HOFFNUNG SEIN

Wenn wir die Herausforderung annehmen, eine missionarische Kirche zu sein, eine Kirche, die ständig hinausgeht in die Welt und besonders an die Peripherien der heutigen Gesellschaft, müssen wir jenes »geistliche Wohlgefallen« fördern, das uns fähig macht, jedes Glied des Leibes Christi zu umarmen und uns mit ihm zu identifizieren (vgl. Evangelii gaudium, 268). Hier gilt es, den Kindern und den älteren Menschen in unseren Gemeinden besondere Zuwendung und Aufmerksamkeit entgegenzubringen. Wie können wir Hüter der Hoffnung sein, wenn wir das Gedächtnis, die Weisheit und die Erfahrung der alten Menschen und die Sehnsüchte unserer Jugendlichen ignorieren?

Ansprache an die Bischöfe Koreas in Seoul am 14.August 2014

Montag

Arnold von Arnoldsweiler, Odilia von Köln (Ottilie), Friedrich von Utrecht

18 JULI

DAS MYSTERIUM FEIERN

Die Armen stehen im Zentrum des Evangeliums; sie stehen auch am Anfang und am Ende. Zu Beginn seines apostolischen Lebens spricht Jesus in der Synagoge von Nazaret deutliche Worte. Und als über den Letzten Tag redet und uns jenes »Protokoll« bekannt macht, nach dem wir alle gerichtet werden – Matthäus 25 –, sind dort ebenfalls die Armen. Es besteht eine Gefahr, es gibt eine Versuchung, die in Zeiten des Aufschwungs auftaucht: Es ist die Gefahr, dass die christliche Gemeinde sich »sozialisiert«, das heißt, dass ihr jene mystische Dimension abhandenkommt, dass sie die Fähigkeit verliert, das Mysterium zu feiern, und sich in eine geistliche, christliche Organisation verwandelt, mit christlichen Werten, aber ohne prophetischen Sauerteig.

Ansprache an die Bischöfe Koreas in Seoul am 14.August 2014

Dienstag

JULI 19 Bernulf von Utrecht (Bernold, Ulf),
Justa und Rufina

OHNE SCHAM LEBEN

Es ist die Funktion verloren gegangen, die die Armen in der Kirche haben. Das ist eine Versuchung, unter der die Teilkirchen, die christlichen Gemeinden in der Geschichte sehr gelitten haben. Und das bis zu dem Punkt, sich in eine Mittelklasse-Gemeinde zu verwandeln, in der die Armen sich schließlich sogar schämen: Sie schämen sich einzutreten. Das ist die Versuchung des geistlichen Wohlstands, des pastoralen Wohlstands. Es ist nicht eine arme Kirche für die Armen, sondern eine reiche Kirche für die Reichen oder eine Mittelklasse-Kirche für die Wohlhabenden.

Ansprache an die Bischöfe Koreas in Seoul am 14.August 2014

SAMEN DER HOFFNUNG

Das ist es, was Gott uns wünscht. Die Kirche soll ein Same der Einheit für die gesamte Menschheitsfamilie sein. In Christus sind alle Nationen und Völker in eine Einheit gerufen, welche die Vielfalt nicht zerstört, sondern sie anerkennt, versöhnt und bereichert.
Wie weit entfernt erscheint der Geist der Welt von dieser wunderbaren Vorstellung und diesem großartigen Plan! Wie oft scheint der Same der Güte und Hoffnung, den wir zu säen versuchen, erstickt zu werden vom Unkraut des Egoismus, der Feindseligkeit und der Ungerechtigkeit nicht nur in unserer Umgebung, sondern auch in unserem eigenen Herzen!

Ansprache an asiatische Jugendliche im Heiligtum von Solmoe am 15. August 2014

Donnerstag

JULI 21 Laurentius von Brindisi, Stilla von Abenberg, Daniel

DIE WÜSTE DURCHQUEREN

Wir sind beunruhigt durch die wachsende Kluft zwischen reich und arm in unseren Gesellschaften. Wir sehen Zeichen einer Vergötterung von Besitz, Macht und Vergnügen, was Menschen großen Schaden zufügt. In unserer näheren Umgebung gibt es so viele unserer eigenen Freunde und Altersgenossen, die sogar inmitten von immensem materiellen Reichtum unter geistlicher Armut, Einsamkeit und stiller Hoffnungslosigkeit leiden. Gott scheint von der Bildfläche verschwunden zu sein. Es ist beinahe, als beginne eine geistige Wüste, sich über unsere ganze Welt auszubreiten. Es wirkt sich auch auf die jungen Menschen aus, indem es ihnen ihre Hoffnung nimmt und in allzu vielen Fällen sogar ihr Leben selbst.

Ansprache an asiatische Jugendliche im Heiligtum von Solmoe am 15. August 2014

Freitag

Maria Magdalena, Verena von Schönau (Elvira), Eberhard von Berg

22 JULI

EVANGELIUM DER HOFFNUNG

Doch das ist die Welt, in die ihr hinausgehen und Zeugnis bringen sollt für das Evangelium der Hoffnung, für das Evangelium Jesu Christi und die Verheißung seines Reiches […]
In den Gleichnissen sagt Jesus uns, dass das Reich friedlich in die Welt kommt, indem es still, aber sicher wächst, wo immer es von Herzen empfangen wird, die für seine Botschaft der Hoffnung und des Heils offen sind. Das Evangelium lehrt uns, dass der Geist Jesu jedem menschlichen Herzen neues Leben bringen und jede Situation – sogar die scheinbar hoffnungsloseste – verwandeln kann. Jesus kann verwandeln, kann alle Situationen verwandeln!

Ansprache an asiatische Jugendliche im Heiligtum von Solmoe am 15. August 2014

Samstag

JULI 23 Birgitta von Schweden, Liborius von Le Mans, Apollinaris von Ravenna

VERTRAUEN AUF GOTT

Die Worte des Psalms, »Auch wenn mein Leib und mein Herz verschmachten, Gott ist der Fels meines Herzens und mein Anteil auf ewig« (Ps 73,26) laden uns ein, über unser eigenes Leben nachzudenken. Der Psalmist strahlt freudiges Vertrauen auf Gott aus. Wir wissen alle, das die Freude nicht alle Zeiten des Lebens auf gleiche Weise zum Ausdruck kommt, dass aber in Augenblicken großer Schwierigkeiten »immer wenigstens ein Lichtstrahl bleibt, der aus der persönlichen Gewissheit hervorgeht, jenseits von allem grenzenlos geliebt zu sein« (Evangelii Gaudium, 6).

Ansprache an die koreanischen Religionsgemeinschaften in Kkottongnae am 16. August 2014

FREUDE IST EIN GESCHENK

Die feste Überzeugung, von Gott geliebt zu sein, steht im Mittelpunkt eurer Berufung: für andere ein berührbares Zeichen der Gegenwart des Reiches Gottes zu sein, ein Vorgeschmack der ewigen Freuden des Himmels. Nur wenn unser Zeugnis freudig ist, werden wir Männer und Frauen für Christus interessieren. Und diese Freude ist ein Geschenk und wird durch das Gebetsleben, durch die Betrachtung des Wortes Gottes, durch die Feier der Sakramente und durch das Gemeinschaftsleben, das sehr wichtig ist, genährt. Wenn das fehlt, werden Schwächen und Schwierigkeiten aufkommen, um die Freude niederzudrücken [...].

Ansprache an die koreanischen Religionsgemeinschaften in Kkottongnae am 16. August 2014

Montag

JULI 25 Jakobus der Ältere, Thomas von Kempen, Thea von Gaza

AUFMERKSAM SEIN

Wir können uns nicht an einem wirklichen Dialog beteiligen, wenn wir uns unserer eigenen Identität nicht bewusst sind. Vom Nichts, vom Nebel des Selbstbewusstseins aus kann man keinen Dialog führen, kann man keinen Dialog beginnen. Noch kann es einen echten Dialog geben, wenn wir nicht fähig sind, Geist und Herz mit Einfühlungsvermögen und echter Empfänglichkeit denen zu öffnen, mit denen wir sprechen. Es ist eine Aufmerksamkeit, und in der Aufmerksamkeit führt uns der Heilige Geist. Ein klares Gefühl der eigenen Identität und die Fähigkeit zur Einfühlung sind also der Ausgangspunkt für jeden Dialog. Wenn wir frei, offen und fruchtbringend mit anderen zu reden haben, müssen wir uns klar sein, wer wir sind, was Gott für uns getan hat und was er von uns verlangt.

Ansprache an die Bischöfe Asiens im Heiligtum von Haemi am 17. August 2014

Dienstag

Joachim und Anna, Titus Brandsma,
Gloriosa von Laodicea

26 JULI

IDENTITÄT BEWAHREN

Die Aufgabe, unsere Identität zu bestimmen und auszudrücken, erweist sich […] nicht immer als leicht, da wir als Sünder, die wir sind, immer vom Geist der Welt versucht sein werden, der sich auf vielerlei Weise zeigt. Drei davon möchte ich aufzeigen. Eines ist das trügerische Licht des Relativismus, der den Glanz der Wahrheit verdunkelt und, indem er den Boden unter unseren Füßen zum Wanken bringt, uns in den Treibsand der Verwirrung und Verzweiflung zieht. […] Ich spreche hier nicht bloß vom Relativismus als einer Denkweise, sondern von jenem alltäglichen praktischen Relativismus, der fast unmerklich unser Identitätsgefühl untergräbt.

Ansprache an die Bischöfe Asiens im Heiligtum von Haemi am 17. August 2014

Mittwoch

JULI 27

Berthold von Garsten, Aurelius,
Felix und Natalie von Córdoba

VERANKERT IN CHRISTUS

Eine zweite Weise, wie die Welt die Festigkeit unserer christlichen Identität bedroht, ist die Oberflächlichkeit, eine Neigung, mit der Mode zu gehen, sich mit Schnickschnack und Ablenkungen zu beschäftigen, anstatt auf das zu achten, worauf es wirklich ankommt (vgl. Phil 1,10). In einer Kultur, die das Kurzlebige verherrlicht und so viele Ausweichmöglichkeiten und Fluchtwege bietet, kann dies ein ernstes Problem darstellen. [...] Ohne eine Verankerung in Christus können die Wahrheiten, aufgrund derer wir unser Leben gestalten, allmählich dahinschwinden, die Übung der Tugenden in der Form erstarren, und der Dialog kann zu einer Art Verhandlung herabgesetzt oder auf eine Einigung über die Uneinigkeit reduziert werden.

Ansprache an die Bischöfe Asiens im Heiligtum von Haemi am 17. August 2014

FURCHTLOS UND BESCHEIDEN

[Es gibt] noch eine dritte Versuchung: die der scheinbaren Sicherheit, die man darin findet, sich hinter leichten Antworten, vorgebildeten Formeln, Regeln und Vorschriften zu verstecken. Jesus hat viel mit den Menschen gestritten, die sich hinter den Regeln, Vorschriften, leichten Antworten versteckt haben ... Er hat sie Heuchler genannt. Der Glaube ist von Natur aus nicht mit sich selbst beschäftigt; er »geht hinaus«. Er sucht Verständnis, löst Zeugnis aus, bringt Mission hervor. In diesem Sinn befähigt uns der Glaube, sowohl furchtlos als auch bescheiden zu sein in unserem Zeugnis der Hoffnung und der Liebe.

Ansprache an die Bischöfe Asiens im Heiligtum von Haemi am 17. August 2014

Freitag

JULI 29 Marta von Betanien, Ladislaus I. von Ungarn, Beatrix, Flora und Lucilla

WORAUF WIR HOFFEN

Der heilige Petrus sagt uns, dass wir stets bereit sein sollen, jedem Rede und Antwort zu stehen, der nach dem Grund der Hoffnung fragt, die uns erfüllt (vgl. 1 Petr 3,15). Unsere Identität ist letztlich an unseren stillen Bemühungen zu sehen, Gott allein anzubeten, einander zu lieben, einander zu dienen und durch unser Beispiel nicht nur zu zeigen, was wir glauben, sondern auch, worauf wir hoffen, und Denjenigen sichtbar zu machen, dem wir vertrauen (vgl. 2 Tim 1,12).

Ansprache an die Bischöfe Asiens im Heiligtum von Haemi am 17. August 2014

DIALOG SUCHEN

Unser lebendiger Glaube an Christus ist das, was unsere eigentliche Identität darstellt, das heißt, im Herrn verwurzelt sein. Und wenn dies gegeben ist, ist alles Weitere zweitrangig. Diese tiefe Identität, der tiefe Glaube an Christus, in dem wir verwurzelt sind, diese tiefe Wirklichkeit ist der Ausgangspunkt für unseren Dialog, und das ist es, was wir zu teilen berufen sind, aufrichtig, ehrlich und ohne Anspruch, im Dialog des Alltags, im Dialog der Liebe und in jenen formelleren Gelegenheiten, die sich von selbst ergeben können.

Ansprache an die Bischöfe Asiens im Heiligtum von Haemi am 17. August 2014

Sonntag

JULI 31

18. SO. IM JAHRESKREIS
Ignatius von Loyola, Germanus von Auxerre, Hermann von Niederaltaich

EINFACH LEBEN

Da Christus unser Leben ist (vgl. Phil 1,21), lasst uns »von ihm her und über ihn« sprechen, bereitwillig und ohne Zögern oder Furcht. Die Einfachheit seines Wortes wird deutlich in der Einfachheit unseres Lebens, in der Einfachheit unserer Verständigung, in der Einfachheit unserer Taten liebevollen Dienstes an unseren Brüdern und Schwestern.

Ansprache an die Bischöfe Asiens im Heiligtum von Haemi am 17. August 2014

Montag

CH: BUNDESFEIER
Alfons Maria von Liguori, Petrus Faber, Ulrich

01 AUGUST

AUF DEN HERRN HÖREN

Wenn der Herr ruft, dann ruft er immer, um den anderen Gutes zu tun, sei es im Ordensleben, sei es im gottgeweihten Leben, sei es im Laienstand als Vater und Mutter der Familie. Aber der Zweck ist der gleiche: Gott anzubeten und den anderen Gutes zu tun. Was sollen [die Menschen], die sich dieselbe Frage stellen, tun? Auch ich habe sie mir seinerzeit gestellt: Welchen Weg soll ich wählen? – Aber du sollst überhaupt keinen Weg wählen! Der Herr muss ihn wählen! Jesus hat ihn gewählt! Du musst ihn hören und fragen: Herr, was soll ich tun?

Ansprache an asiatische Jugendliche im Heiligtum von Solmoe am 15. August 2014

Dienstag

AUGUST

02

Eusebius von Vercelli, Petrus Julianus Eymard, Gundekar II.

SEHEN UND ERKENNEN

[Ihr kennt das Gleichnis vom ›verlorenen Sohn‹], jenes Sohnes, der fortgegangen war, der sein Geld und alles verschwendet hatte, der seinen Vater, die Familie und alles verraten hatte. Zu einem bestimmten Zeitpunkt – aus Not, aber tief beschämt – hat er sich entschieden zurückzukehren. Und er hatte auch überlegt, wie er seinen Vater um Verzeihung bitten wollte: »Vater, ich habe gesündigt, ich habe dieses Böse getan, aber ich will nun ein Knecht sein, nicht dein Sohn.« Dies und viele andere schöne Worte hatte er sich zurechtgelegt. Aber das Evangelium erzählt uns, dass der Vater ihn von ferne sah. Und warum sah er ihn? Weil er jeden Tag auf die Dachterrasse stieg, um zu sehen, ob der Sohn heimkehrte.

Ansprache an asiatische Jugendliche im Heiligtum von Solmoe am 15. August 2014

Mittwoch

Lydia von Philippi, Burkhard,
Benno von Einsiedeln

03 AUGUST

DU WIRST ERWARTET

[Der Vater hat den ›verlorenen Sohn‹] umarmt. Und er hat ihn kaum zu Wort kommen lassen, hat ihn jene vorbereiteten Worte gar nicht ausreden und nicht einmal um Verzeihung bitten lassen … und hat ein Fest gefeiert. Er hat ein Fest gefeiert! Und das ist das Fest, das Gott gefällt: Wenn wir nach Hause zurückkehren, zu ihm zurückkehren. – »Aber Pater, ich bin ein Sünder, ich bin eine Sünderin …« – Umso besser, er erwartet dich! Umso besser, er wird ein Fest feiern! Denn Jesus selbst sagt uns, dass im Himmel für einen Sünder, der umkehrt, ein größeres Fest gefeiert wird, als für hundert Gerechte, die zu Hause bleiben.

Ansprache an asiatische Jugendliche im Heiligtum von Solmoe am 15. August 2014

Donnerstag

AUGUST 04 Johannes Maria Vianney, Rainer von Spalato, Justinus

GOTT WIRD NICHT MÜDE

Niemand von uns weiß, was uns im Leben erwartet. [...] Wir können üble Dinge tun, sehr üble ... aber, bitte, nicht verzweifeln: Da ist immer der Vater, der auf uns wartet! Zurückkehren, zurückkehren! Das ist das Wort. Come back! Nach Hause zurückkehren, denn der Vater wartet auf mich. Und wenn ich ein großer Sünder bin, wird er ein großes Fest feiern. Und ihr Priester, bitte, umarmt die Sünder und seid barmherzig! Und das zu spüren, ist schön! Mich macht das glücklich, denn Gott wird niemals müde, uns zu verzeihen; er wird niemals müde, auf uns zu warten.

Ansprache an asiatische Jugendliche im Heiligtum von Solmoe am 15. August 2014

ARMUT ALS SCHATZ

Durch den Evangelischen Rat der Armut seid ihr fähig, Gottes Barmherzigkeit nicht nur als Quelle der Kraft, sondern auch als einen Schatz zu erkennen. Es scheint widersprüchlich, aber arm sein bedeutet, einen Schatz zu finden. Selbst wenn wir müde sind, können wir ihm unsere Herzen aufopfern, die von Sünde und Schwäche beladen sind; in diesen Zeiten, wenn wir uns am hilflosesten fühlen, können wir uns nach Christus ausstrecken, der »arm wurde, um euch durch seine Armut reich zu machen« (2 Kor 8,9).

Ansprache an die koreanischen Religionsgemeinschaften in Kkottongnae am 16. August 2014

EINE FORM DER ARMUT

Die, unsere fundamentale Bedürftigkeit hinsichtlich Vergebung und Heilung ist in sich selbst eine Form der Armut, die wir nie aus dem Blickfeld verlieren dürfen, ganz gleich wie sehr wir im Tugendstreben vorankommen. Das sollte auch einen konkreten Ausdruck in eurer individuellen und gemeinschaftlichen Lebensgestaltung finden. Ich denke besonders an die Notwendigkeit, all jene Dinge zu vermeiden, die euch ablenken und dann Verwirrung und Ärgernis für andere verursachen können.

Ansprache an die koreanischen Religionsgemeinschaften in Kkottongnae am 16. August 2014

Sonntag

19. SO. IM JAHRESKREIS
Kajetan von Thiene, Sixtus II., Edmund Bojanowski, Afra, Donatus von Arezzo

07 AUGUST

GOTT IST GEMEINSCHAFT

Wenn ein Mann und eine Frau das Sakrament der Ehe feiern, dann spiegelt Gott sich sozusagen in ihnen wider, prägt in sie die eigenen Züge und den unauslöschlichen Charakter seiner Liebe ein. Die Ehe ist das Bild der Liebe Gottes zu uns. Denn auch Gott ist Gemeinschaft: Die drei Personen des Vaters, des Sohnes und des Heiligen Geistes leben seit jeher und für immer in vollkommener Einheit. Und eben das ist das Geheimnis der Ehe: Gott macht aus den beiden Eheleuten eine einzige Existenz.

Generalaudienz am 2. April 2014

Montag

AUGUST

08 Domingo (Dominikus), Cyriakus, Hildiger (Hilger)

EIN FLEISCH WERDEN

Die Bibel gebraucht einen starken Ausdruck und sagt »ein Fleisch«: So eng ist der Bund von Mann und Frau in der Ehe. Und eben das ist das Geheimnis der Ehe: die Liebe Gottes, die sich in dem Paar widerspiegelt, das sich zum gemeinsamen Leben entschließt. Daher verlässt der Mann sein Zuhause, das Haus seiner Eltern und lebt fortan mit seiner Ehefrau und ist so stark mit ihr vereint, dass beide – so heißt es in der Bibel – ein Fleisch werden.

Generalaudienz am 2. April 2014

GEWEIHTE LIEBE

Der heilige Paulus hebt im *Brief an die Epheser* hervor, dass sich im christlichen Ehepaar ein großes Geheimnis widerspiegelt: die Beziehung, die Christus mit der Kirche geknüpft hat, eine bräutliche Beziehung (vgl. Eph 5,21-33). Die Kirche ist die Braut Christi. Das ist die Beziehung. Das bedeutet, dass die Ehe auf eine besondere Berufung antwortet und als Weihe verstanden werden muss (vgl. Gaudium et spes, 48; Familiaris consortio, 56). Sie ist eine Weihe: Der Mann und die Frau sind in ihrer Liebe geweiht. Denn kraft des Sakraments wird den Gatten eine wahre und eigene Sendung übertragen, damit sie, ausgehend von den einfachen Dingen des Alltags, die Liebe sichtbar machen können, mit der Christus seine Kirche liebt, der damit fortfährt, das Leben für sie hinzugeben, in der Treue und im Dienen.

Generalaudienz am 2. April 2014

Mittwoch

AUGUST

10

Laurentius (Lorenz, Lars),
Asteria von Bergamo (Astrid)

DEN BUND ERHALTEN

Es ist wirklich ein wunderbarer Plan, der dem Sakrament der Ehe innewohnt! Und er wird in der Einfachheit und auch in der Schwachheit des menschlichen Daseins verwirklicht. Wir wissen gut, wie viele Schwierigkeiten und Prüfungen das Leben zweier Eheleute kennt ... Wichtig ist, die Beziehung zu Gott lebendig zu erhalten, die dem Ehebund zugrunde liegt. Und der wahre Bund besteht immer mit dem Herrn. Wenn die Familie betet, bleibt der Bund erhalten. Wenn der Ehemann für die Ehefrau betet und die Ehefrau für den Ehemann betet, dann wird dieser Bund stark; einer betet für den anderen.

Generalaudienz am 2. April 2014

Donnerstag

Klara von Assisi, Susanna von Rom,
Nikolaus von Kues

11 AUGUST

NEU BEGINNEN

Die Liebe ist stärker als der Augenblick, in dem man streitet, und daher rate ich den Eheleuten immer: Lasst den Tag, an dem ihr gestritten habt, nicht zu Ende gehen, ohne Frieden zu schließen. Immer! Und um Frieden zu schließen, braucht man nicht die Vereinten Nationen anzurufen, damit sie nach Hause kommen, um Frieden herzustellen. Es genügt eine kleine Geste, eine zärtliche Berührung … Gute Nacht! Bis morgen! Und morgen beginnt man von neuem. Und das ist das Leben, so muss es weitergeführt werden, weitergeführt mit dem Mut, es gemeinsam leben zu wollen. Und das ist großartig, das ist schön!

Generalaudienz am 2. April 2014

Freitag

AUGUST

12

Johanna Franziska von Chantal,
Radegunde von Thüringen, Karl Leisner

DANK SAGEN

Das Eheleben ist etwas Wunderschönes, und wir müssen es immer bewahren, die Kinder bewahren. Bei anderen Gelegenheiten habe ich hier auf diesem Platz etwas gesagt, das dem Eheleben sehr hilft. Es sind drei Worte, die man immer sagen muss, drei Worte, die im Haus sein müssen: »Darf ich?«, »Danke«, »Entschuldige«. »Darf ich?«: um im Eheleben nicht aufdringlich zu sein. Darf ich, was hältst du davon? Darf ich, ich erlaube mir. »Danke«: dem Ehepartner danken; danke für das, was du für mich getan hast, danke dafür. Wie schön ist es, Dank zu sagen!

Generalaudienz am 2. April 2014

WURZELN DER ACHTUNG

Die Kinder [...] dürfen keine Angst haben vor der Aufgabe, eine neue Welt aufzubauen: Zu Recht wünschen sie, dass sie besser sein soll als jene, die sie empfangen haben! Das muss jedoch ohne Arroganz, ohne Anmaßung geschehen. Man muss den Wert der Kinder anerkennen, und man muss die Eltern stets ehren. Das vierte Gebot verlangt von den Kindern – und das sind wir alle! –, den Vater und die Mutter zu ehren (vgl. Ex 20,12). Dieses Gebot kommt sofort nach denen, die Gott selbst betreffen. Denn es enthält etwas Heiliges, etwas Göttliches, etwas, das an der Wurzel jeder anderen Form der Achtung zwischen den Menschen liegt.

Generalaudienz am 11. Februar 2015

DIE ELTERN EHREN

Und in der biblischen Formulierung des vierten Gebotes wird hinzugefügt: »damit du lange lebst in dem Land, das der Herr, dein Gott, dir gibt«. Die liebevolle Verbindung zwischen den Generationen garantiert die Zukunft, und sie garantiert eine wirklich menschliche Geschichte. Eine Gesellschaft mit Kindern, die ihre Eltern nicht ehren, ist eine Gesellschaft ohne Ehre; wenn man die Eltern nicht ehrt, dann verliert man die eigene Ehre! Eine solche Gesellschaft ist dazu verurteilt, sich mit gefühllosen und habgierigen jungen Menschen zu füllen. Aber auch eine fortpflanzungsarme Gesellschaft, die sich nicht gern mit Kindern umgibt, die sie vor allem als Sorge, als Last, als Risiko betrachtet, ist eine trübselige Gesellschaft.

Generalaudienz am 11. Februar 2015

UNSERE BERUFUNG

In Gemeinschaft mit der ganzen Kirche feiern wir die Aufnahme der Gottesmutter mit Leib und Seele in die Herrlichkeit des Himmels. Die Himmelfahrt Marias zeigt uns unsere eigene Bestimmung als Adoptivkinder Gottes und Glieder des Leibes Christi. Wie Maria, unsere Mutter, sind wir berufen, vollkommen an dem Sieg des Herrn über Sünde und Tod teilzuhaben und mit ihm in seinem ewigen Königreich zu herrschen. Das ist unsere Berufung.

Predigt am Hochfest Mariä Himmelfahrt in Daejeon am 15. August 2014

Dienstag

AUGUST

16

Stephan I. von Ungarn, Rochus von Montpellier, Altfried von Hildesheim

DIE FREIHEIT DER KINDER GOTTES

Wahre Freiheit finden wir, wenn wir den Willen des Vaters liebevoll annehmen. Von Maria, die von Gnade erfüllt ist, lernen wir, dass christliche Freiheit mehr ist als die Befreiung von der Sünde. Es ist die Freiheit zu einer neuen, geistlichen Weise, die irdischen Wirklichkeiten zu sehen. Es ist die Freiheit, Gott und unsere Brüder und Schwestern mit reinem Herzen zu lieben und ein Leben in freudiger Hoffnung auf das Kommen des Reiches Christi zu leben.

Predigt am Hochfest Mariä Himmelfahrt in Daejeon am 15. August 2014

Mittwoch

Johanna vom Kreuz (Jeanne),
Klara von Montefalco

17 AUGUST

VERLÄSSLICHE HOFFNUNG

[Der] Lobgesang [Marias] erinnert uns daran, dass Gott die Verheißungen seines Erbarmens niemals vergisst (vgl. Lk 1,54-55). Maria ist diejenige, die Segen empfängt, weil sie »geglaubt hat, dass sich erfüllt, was der Herr ihr sagen ließ« (Lk 1,45). In ihr haben sich alle Verheißungen Gottes als vertrauenswürdig erwiesen. In der Herrlichkeit thronend, zeigt sie uns, dass unsere Hoffnung verlässlich ist; auch jetzt reicht sie als »sicherer und fester Anker der Seele« (Hebr 6,19) dorthin, wo Jesus in der Herrlichkeit wohnt.

Predigt am Hochfest Mariä Himmelfahrt in Daejeon am 15. August 2014

Donnerstag

AUGUST

18 Helena (Helene), Claudia,
Rainald von Ravenna

MIT FREUDE UND VERTRAUEN

Die Hoffnung, die aus dem Evangelium hervorgeht, ist das Gegenmittel gegen den Geist der Hoffnungslosigkeit, der wie ein Krebs zu wuchern scheint in Gesellschaften, die äußerlich wohlhabend sind, aber oft innere Traurigkeit und Leere erfahren. Von wie vielen unserer Jugendlichen hat diese Hoffnungslosigkeit ihren Tribut gefordert! Mögen sie, die jungen Menschen, die uns in diesen Tagen mit ihrer Freude und ihrem Vertrauen umgeben, niemals ihrer Hoffnung beraubt werden!

Predigt am Hochfest Mariä Himmelfahrt in Daejeon am 15. August 2014

Freitag

19 AUGUST

Johannes Eudes, Sebald von Nürnberg,
Caritas Pirckheimer

BITTEN WIR MARIA

Wenden wir uns an die Jungfrau Maria und erflehen wir von ihr die Gnade, uns der Freiheit der Kinder Gottes zu erfreuen, diese Freiheit im Dienst für unsere Brüder und Schwestern sinnvoll zu nutzen und zu leben und zu arbeiten als Träger der Hoffnung, die ihre Erfüllung in jenem ewigen Reich finden wird, wo herrschen bedeutet zu dienen.

Predigt am Hochfest Mariä Himmelfahrt in Daejeon am 15. August 2014

Samstag

AUGUST

20

Bernhard von Clairvaux, Samuel, Ronald von Orkney, Hugo von Tennenbach

GOTT SPRICHT ZU MIR

Lass es zu, dass Jesus zu dir predigt, und lass es zu, dass er dich heilt. So kann ich auch hingehen und zu den anderen predigen, sie die Worte Jesu lehren, weil ich es zulasse, dass er zu mir predigt. Und ich kann auch helfen, viele Wunden zu heilen, die vielen Wunden, die es gibt. Aber zuerst muss ich selbst es tun: zulassen, dass er zu mir predigt, und zulassen, dass er mich heilt.

Ansprache in San Michele Arcangelo a Pietralata am 8. Februar 2015

Sonntag

21. SO. IM JAHRESKREIS
Pius X., Gratia von Alcira, Balduin von Rieti

21

AUGUST

GESCHENKTE FREUNDSCHAFT

Unsere Freundschaft mit Gott, die uns von Jesus geschenkt ist, ist eine Freundschaft, die unser Leben verändert und uns mit Begeisterung, mit Freude erfüllt. Daher ruft die Gabe der Frömmigkeit in uns vor allem Lob und Dank hervor. Denn das ist der Grund und der wahrhaftigste Sinn unseres Gottesdienstes und unserer Anbetung. Wenn der Heilige Geist uns die Gegenwart des Herrn und seine ganze Liebe zu uns wahrnehmen lässt, dann erwärmt sich unser Herz und bringt uns gleichsam auf natürliche Weise zum Gebet und zur Feier.

Generalaudienz am 4. Juni 2014

Montag

AUGUST

22

Maria Königin (Regina),
Sigfrid von Wearmouth, Maurus

GEGEN DIE SCHEINHEILIGKEIT

Wenn die Gabe der Frömmigkeit uns in der Beziehung und in der Gemeinschaft mit Gott wachsen und uns als seine Kinder leben lässt, so hilft sie uns gleichzeitig, diese Liebe auch den anderen zuzuwenden und sie als Brüder zu erkennen. Dann sind wir wirklich bewegt von Frömmigkeit – nicht von Frömmelei! – gegenüber unseren Mitmenschen und jenen, denen wir täglich begegnen. Warum sage ich: »nicht von Frömmelei«? Weil einige meinen, Frömmigkeit bedeute, die Augen zu schließen, ein Gesicht aufzusetzen wie auf einem Heiligenbild, so zu tun als sei man wie ein Heiliger. Auf Piemontesisch sagen wir: »fare la mugna quacia« [sich scheinheilig geben]. Das ist nicht die Gabe der Frömmigkeit.

Generalaudienz am 4. Juni 2014

Dienstag

Rosa von Lima,
Flavian von Autun

23 AUGUST

IM FRIEDEN MIT GOTT

Die Gabe der Frömmigkeit bedeutet, wirklich fähig zu sein, sich mit den Frohen zu freuen, mit den Weinenden zu weinen, denen nahe zu sein, die allein oder betrübt sind, die Irrenden zurechtzuweisen, die Trauernden zu trösten, die Notleidenden anzunehmen und ihnen zu helfen. Es besteht eine sehr enge Beziehung zwischen der Gabe der Frömmigkeit und der Sanftmut. Die Gabe der Frömmigkeit, die uns der Heilige Geist schenkt, macht uns sanftmütig, macht uns ruhig, geduldig, lässt uns im Frieden sein mit Gott, im Dienst der anderen mit Sanftmut.

Generalaudienz am 4. Juni 2014

Mittwoch

AUGUST 24 Apostel Bartholomäus, Ansoalda (Isolde), Karl

FROHE ZEUGEN GOTTES

Im Brief an die Römer sagt der Apostel Paulus: »Alle, die sich vom Geist Gottes leiten lassen, sind Söhne Gottes. Denn ihr habt nicht einen Geist empfangen, der euch zu Sklaven macht, so dass ihr euch immer noch fürchten müsstet, sondern ihr habt den Geist empfangen, der euch zu Söhnen macht, den Geist, in dem wir rufen: Abba, Vater!« (Röm 8,14-15). Bitten wir den Herrn, dass die Gabe seines Geistes unsere Furcht, unsere Unsicherheiten, auch unseren unruhigen, ungeduldigen Geist überwinden und uns zu frohen Zeugen Gottes und seiner Liebe machen möge, indem wir den Herrn anbeten in der Wahrheit und auch im Dienst am Nächsten, mit Sanftmut und mit jenem Lächeln, das der Heilige Geist uns stets in der Freude schenkt. Möge der Heilige Geist uns allen diese Gabe der Frömmigkeit schenken.

Generalaudienz am 4. Juni 2014

Donnerstag

Ludwig IX. von Frankreich, Josef von Calsanz,
Elvira von Périgord

25 AUGUST

KINDER IN DEN ARMEN GOTTES

Wenn der Heilige Geist in unserem Herzen Wohnung nimmt, dann schenkt er uns Trost und Frieden und führt uns dahin, uns so zu fühlen, wie wir sind, also klein, mit der Haltung – die uns von Jesus im Evangelium so sehr ans Herz gelegt wird – dessen, der all seine Sorgen und Erwartungen Gott überlässt und sich umgeben und getragen fühlt von seiner Wärme und von seinem Schutz, wie ein Kind bei seinem Vater! Das bewirkt der Heilige Geist in unserem Herzen: Er lässt uns spüren, dass wir Kinder sind in den Armen unseres Vaters.

Generalaudienz am 11. Juni 2014

Freitag

AUGUST

26

Gregor von Utrecht,
Teresa von Jesus Jornet

GELIEBTE KINDER

Wir brauchen diese Gabe des Heiligen Geistes so sehr. Die Gottesfurcht bringt uns zu Bewusstsein, dass alles aus der Gnade kommt und dass unsere wahre Kraft einzig und allein darin liegt, Jesus, dem Herrn, nachzufolgen und den Vater seine Güte und seine Barmherzigkeit über uns ausgießen zu lassen. Das Herz zu öffnen, damit die Güte und die Barmherzigkeit Gottes zu uns kommen. Das wirkt der Heilige Geist durch die Gabe der Gottesfurcht: Er öffnet die Herzen. Ein offenes Herz, damit die Vergebung, die Barmherzigkeit, die Güte, die Liebkosung des Vaters zu uns kommen, denn wir sind unendlich geliebte Kinder.

Generalaudienz am 11. Juni 2014

Monika, Gebhard II. von Konstanz,
Cäsarius von Arles

BEGEISTERTE CHRISTEN SEIN

Wenn wir von der Gottesfurcht durchdrungen sind, dann werden wir dahin geführt, dem Herrn mit Demut, Fügsamkeit und Gehorsam nachzufolgen – jedoch nicht in einer resignierten, passiven, sogar klagenden Haltung, sondern mit dem Staunen und der Freude eines Kindes, das sich vom fürsorglichen Vater geliebt weiß. Die Gottesfurcht macht uns also nicht zu ängstlichen, gefügigen Christen, sondern sie bewirkt in uns Mut und Kraft! Sie ist eine Gabe, die uns zu überzeugten, begeisterten Christen macht, die sich dem Herrn nicht aus Furcht unterwerfen, sondern weil sie von seiner Liebe bewegt und ergriffen sind!

Generalaudienz am 11. Juni 2014

Sonntag

AUGUST

28

22. SO. IM JAHRESKREIS
Augustinus von Hippo, Elmar von Lüttich, Adeling von Buchau, Adeline

GLÜCKLICH SEIN

Von der Liebe Gottes ergriffen sein! Das ist etwas Schönes. Uns ergreifen lassen von dieser Liebe eines Vaters, der uns sehr liebt, der uns von ganzem Herzen liebt. Aber Achtung: Die Gabe Gottes, die Gabe der Gottesfurcht ist auch ein »Alarm« vor der Hartnäckigkeit der Sünde. Wenn ein Mensch im Bösen lebt, wenn er Gott lästert, wenn er die anderen ausbeutet, wenn er sie tyrannisiert, wenn er nur für das Geld, für die Eitelkeit oder die Macht oder den Stolz lebt, dann versetzt uns die heilige Gottesfurcht in Alarmbereitschaft: Achtung! Mit all dieser Macht, mit all diesem Geld, mit all deinem Stolz, mit all deiner Eitelkeit wirst du nicht glücklich sein.

Generalaudienz am 11. Juni 2014

Montag

29 AUGUST

ENTHAUPTUNG JOHANNES' DES TÄUFERS
Sabina von Rom, Beatrix von Aa, Theodora

DIE LIEBE, VOM VATER GESCHENKT

Niemand kann das Geld oder die Macht oder die Eitelkeit oder den Stolz ins Jenseits mitnehmen. Nichts! Wir können nur die Liebe mitnehmen, die Gott, der Vater, uns schenkt, die Liebkosungen Gottes, von uns liebevoll angenommen und empfangen. Und wir können das mitnehmen, was wir für die anderen getan haben. Gebt Acht, die Hoffnung nicht auf das Geld, auf den Stolz, auf die Macht, auf die Eitelkeit zu setzen, denn all das kann uns nichts Gutes verheißen!

Generalaudienz am 11. Juni 2014

Dienstag

AUGUST **30** Rebekka, Felix, Ingeborg von Tours, Amadeus von Lausanne

VON DEN ARMEN LERNEN

Bettler zu werden […] ist es, was uns fehlt: zu lernen, die anzubetteln, denen wir etwas geben. Das ist nicht leicht zu verstehen – betteln lernen. Lernen, von der Demut derer zu empfangen, denen wir helfen. Lernen, von den Armen evangelisiert zu werden. Die Menschen, denen wir helfen – Arme, Kranke, Waisen – haben uns viel zu geben. Mache ich mich zum Bettler und bitte ich auch darum? Oder bin ich mir selbst genug und will nur geben?

Ansprache an Jugendliche in Manila am 18. Januar 2015

GEBEN UND EMPFANGEN

Ihr, die ihr lebt, indem ihr immer gebt und glaubt, nichts nötig zu haben, wisst ihr, dass ihr arme Schlucker seid? Wisst ihr, dass ihr sehr arm seid und bedürftig, selbst etwas zu empfangen? Lässt du dich evangelisieren von den Armen, von den Kranken, von denjenigen, denen du hilfst? – Das ist es, was all denen zur Reifung verhilft, die sich […] in der Arbeit engagieren, anderen etwas zu geben: lernen, aus dem eigenen Elend heraus die Hand auszustrecken.

Ansprache an Jugendliche in Manila am 18. Januar 2015

Donnerstag

SEPTEMBER

01

Ruth, Josua, Gideon, Verena,
Ägidius, Alois Scholze

NICHTS IST UNMÖGLICH

Apostel des Friedens und der Freude sein, angefangen bei euren Familien: eure Eltern, die Geschwister, die Gleichaltrigen daran erinnern, dass es schön ist, einander wohlgesinnt zu sein, und dass man Missverständnisse überwinden kann, denn vereint mit Jesus ist alles möglich. Das ist wichtig: Alles ist möglich. Aber dieses Wort ist keine Neuerfindung: dieses Wort hat Jesus gesagt, als er vom Berg der Verklärung herabgestiegen ist. Was hat Jesus zu jenem Vater gesagt, der ihn um die Heilung seines Sohnes bat? »Nichts wird euch unmöglich sein.« Für die, die glauben, ist nichts unmöglich. Mit dem Glauben an Jesus kann man alles, ist alles möglich.

Ansprache an Kinder und Jugendliche am 18. Dezember 2014

ALLES UND GANZ

Mit Jesus sprechen. Das Gebet: mit Jesus sprechen, dem besten Freund, der einen nie im Stich lässt, ihm eure Freuden und euren Kummer anvertrauen. Zu ihm laufen, jedes Mal wenn ihr einen Fehler macht und etwas Schlechtes tut, mit der Gewissheit, das er euch vergibt. Und zu allen von Jesus sprechen, von seiner Liebe, seiner Barmherzigkeit, seiner Zärtlichkeit, weil die Freundschaft mit Jesus, der sein Leben für uns hingegeben hat, ein Ereignis ist, das ganz erzählt werden muss. Diese Worte »alles« und »ganz« sind wichtig.

Ansprache an Kinder und Jugendliche am 18. Dezember 2014

SEPTEMBER

Samstag

03

Gregor der Große, Sophie von Minden, Phoebe, Marinus von Rimini

TALENTE NUTZEN

Während der Begriff »Talent« im herkömmlichen Sprachgebrauch auf eine herausragende individuelle Eigenschaft verweist – zum Beispiel Talent in der Musik, im Sport usw. –, stehen die Talente im Evangelium für die Güter des Herrn, die er uns anvertraut, damit wir sie Frucht tragen lassen. Das Evangelium Mt 25,26 verweist auf die Angst vor dem Risiko, die die Kreativität und Fruchtbarkeit der Liebe blockiert. Denn die Angst vor den Risiken der Liebe blockiert uns. Jesus fordert von uns nicht, seine Gnade in einem Tresor zu verwahren! Das fordert Jesus nicht von uns, sondern er will, dass wir sie zugunsten der anderen nutzen.

Angelusgebet am 16. November 2014

Sonntag

23. SO. IM JAHRESKREIS
Irmgard von Süchteln, Ida von Herzfeld, Iris,
Rosa von Viterbo

04 SEPTEMBER

GESCHENKE WEITERGEBEN

Alle Güter, die wir empfangen haben, sind dazu da, sie den anderen zu geben, und so wachsen sie. Es ist, als sage er: »Schau, hier sind mein Erbarmen, meine Zärtlichkeit, meine Vergebung: nimm sie und mach reichlich Gebrauch davon.« Und wir, was haben wir daraus gemacht? Wen haben wir mit unserem Glauben »angesteckt«? Wie viele Menschen haben wir mit unserer Hoffnung ermutigt? Wie viel Liebe haben wir mit unserem Nächsten geteilt? Uns diese Fragen zu stellen, das wird uns guttun.

Angelus am 16. November 2014

SEPTEMBER

Montag

05

Mutter Teresa, Roswitha von Gandersheim, Maria Theresia von Wüllenweber

DAS ZEUGNIS CHRISTUS

Jedes Umfeld, auch das fernste und unzugänglichste, kann zu einem Ort werden, an dem man die Talente fruchten lassen kann. Es gibt keine Situationen oder Orte, die von der christlichen Präsenz und dem christlichen Zeugnis ausgeschlossen sind. Das Zeugnis, das Jesus fordert, ist nichts Verschlossenes, es ist offen, es hängt von uns ab.

Angelusgebet am 16. November 2014

Magnus von St. Gallen, Gundolf von Metz, Stephan von Die

VERGEBUNG FINDEN

Dieses Gleichnis [von den Talenten] spornt uns an, unseren Glauben und unsere Zugehörigkeit zu Christus nicht zu verbergen, das Wort des Evangeliums nicht zu vergraben, sondern es in unserem Leben, in unseren Beziehungen, in den konkreten Situationen zirkulieren zu lassen, als Kraft, die aufrüttelt, reinigt, erneuert. So auch die Vergebung, die uns der Herr besonders im Sakrament der Versöhnung schenkt: Halten wir sie nicht in uns selbst verschlossen, sondern lassen wir es zu, dass sie ihre Kraft entfaltet, dass sie jene Mauern einstürzen lässt, die unser Egoismus errichtet hat, dass sie uns den ersten Schritt in den blockierten Beziehungen machen und den Dialog wiederaufnehmen lässt, wo es keine Kommunikation mehr gibt.

Angelusgebet am 16. November 2014

SEPTEMBER

Mittwoch

07

Otto von Freising,
Judith, Regina, Dietrich I.

TALENTE WEITERSCHENKEN

Ich glaube, es wäre heute eine schöne Geste, wenn ein jeder von euch das Evangelium zur Hand nähme, das Evangelium des heiligen Matthäus, Kapitel 25, Verse 14 bis 30, Matthäus 15, 14-30, es lesen und ein wenig nachdenken würde: »Die Talente, die Reichtümer, alles, was Gott mir an Geistlichem gegeben hat, an Güte, das Wort Gottes – was tue ich, damit sie in den anderen wachsen? Oder bewahre ich sie lediglich in einem Tresor auf? Und darüber hinaus gibt der Herrn nicht allen dasselbe auf dieselbe Weise: er kennt uns persönlich und vertraut uns an, was richtig für uns ist.

Angelusgebet am 16. November 2014

DIENER SEIN

Gott vertraut uns, Gott setzt seine Hoffnung in uns! Und das gilt für alle. Enttäuschen wir ihn nicht! Lassen wir uns nicht von der Angst in die Irre führen, sondern erwidern wir Vertrauen mit Vertrauen! Die Jungfrau Maria verkörpert diese Haltung auf die schönste und vollkommenste Weise. Sie hat die erhabenste Gabe erhalten und angenommen, Jesus in Person, und ihrerseits hat sie ihn großherzig der Menschheit geschenkt. Sie bitten wir, uns zu helfen, »tüchtige und treue Diener« zu sein, um »an der Freude unseres Herrn teilzunehmen«.

Angelusgebet am 16. November 2014

Petrus Claver, Friedrich (Frederic) Ozanam, Euthymia Üffing (Emma)

ALS BRÜDER SPRECHEN

Wenn wir als Christen versuchen wollen, uns den vielen Problemen und Dramen unserer Zeit entschlossen zu stellen, dann müssen wir als Brüder sprechen und handeln – und auf eine Art und Weise, die für alle leicht erkennbar ist. Auch das ist – vielleicht in erster Linie für uns – eine Art und Weise, auf die Globalisierung der Gleichgültigkeit mit einer Globalisierung der Solidarität und Brüderlichkeit zu antworten, die unter den Getauften noch klarer erstrahlen muss.

Ansprache an Bischöfe, die der Fokolar-Bewegung nahestehen am 7. November 2014

SCHATZ DER HEILIGEN SCHRIFT

Damit aber eine Familie gut vorangehen kann, voll Vertrauen und Hoffnung, muss sie vom Wort Gottes genährt werden. [...] Die Bibel ist nicht dazu da, um in ein Regal gestellt zu werden, sondern um sie zur Hand zu haben, um oft in ihr zu lesen, jeden Tag, sowohl allein als auch gemeinsam, Eheleute, Eltern und Kinder, vielleicht am Abend, besonders am Sonntag. So wächst die Familie, so geht sie voran, mit dem Licht und der Kraft des Wortes Gottes!

Angelusgebet am 5. Oktober 2014

SEPTEMBER

Sonntag

11

24. SO. IM JAHRESKREIS
Ludwig IV. von Thüringen,
Maternus von Köln, Felix und Regula

SEINE FREUNDSCHAFT ANNEHMEN

Gott ist gut zu uns, er bietet uns unentgeltlich seine Freundschaft an, er bietet uns unentgeltlich seine Freude, sein Heil an, doch oft nehmen wir seine Geschenke nicht an. Wir setzen an die erste Stelle unsere materiellen Sorgen, unsere Interessen, und auch wenn uns der Herr ruft, hat es oft den Anschein, als störe uns dies.

Angelusgebet am 12. Oktober 2014

Montag

12 SEPTEMBER

Mariä Namen (Marion), Guido von Anderlecht, Gerfried von Münster

ZEUGNIS DER LIEBE

Wir alle sind aufgerufen, das Reich Gottes nicht auf die Grenzen des »Kirchleins« – unseres »kleinen Kirchleins« – zu verkürzen, sondern die Kirche auf die Dimensionen des Reiches Gottes auszuweiten. Dabei gibt es nur eine Bedingung: das Hochzeitsgewand anzuziehen, das heißt Zeugnis zu geben von der Liebe zu Gott und zum Nächsten.
Wir wollen der Fürsprache der allerseligsten Jungfrau Maria die Dramen und Hoffnungen so vieler unserer Brüder und Schwestern empfehlen, der Ausgeschlossenen, der Schwachen, der Zurückgestoßenen, der Verachteten, auch jener, die aufgrund ihres Glaubens verfolgt werden.

Angelusgebet am 12. Oktober 2014

SEPTEMBER

Dienstag

13 Johannes Chrysostomus, Tobias und Tobit, Notburga von Rattenberg

SICHTBARES ZEICHEN

In der Tat ist die Liebe zu den Brüdern und Schwestern das sichtbare Zeichen, das der Christ vorweisen kann, um gegenüber der Welt und den anderen, seiner Familie, die Liebe zu Gott zu bezeugen. Das Gebot der Liebe zu Gott und zum Nächsten ist nicht das erste, weil es ganz oben auf der Liste der Gebote steht. Jesus stellt es nicht an die Spitze, sondern in die Mitte, da es das Herz ist, von dem alles ausgehen, zu dem alles zurückkehren und auf das alles Bezug nehmen muss.

Angelusgebet am 26. Oktober 2014

LIEBE IST DAS MASS

Wir können das religiöse Leben, das Leben der Frömmigkeit nicht mehr vom Dienst an den Brüdern und Schwestern trennen, an jenen konkreten Brüdern und Schwestern, denen wir begegnen. Wir können das Gebet, die Begegnung mit Gott in den Sakramenten nicht mehr vom Hören auf den Anderen, von der Nähe zu seinem Leben, besonders zu dessen Wunden, trennen. Vergesst das nicht: Die Liebe ist das Maß des Glaubens. Du, wie sehr liebst du? Und ein jeder gebe sich die Antwort. Wie ist dein Glaube? Mein Glaube ist so, wie ich liebe. Und der Glaube ist die Seele der Liebe.

Angelusgebet am 26. Oktober 2014

Schmerzen Mariens (Dolores), Roland von Medici, Melitta von Preslav (Melissa)

DAS ANTLITZ GOTTES ERKENNEN

Inmitten des Dickichts von Geboten und Vorschriften – inmitten des Legalismus von gestern und heute – reißt Jesus etwas auf, so dass es möglich ist, zwei Gesichter auszumachen: das Antlitz des Vaters und das Gesicht des Bruders. Er übergibt uns nicht zwei Formeln oder zwei Vorschriften. Er übergibt uns zwei Gesichter, vielmehr: ein einziges Gesicht, das Antlitz Gottes, das sich in vielen anderen Gesichtern widerspiegelt, da im Gesicht eines jeden Bruders und einer jeden Schwester, besonders in den kleinsten, gebrechlichsten, wehrlosesten und bedürftigsten, das Bild Gottes selbst gegenwärtig ist. Und wenn wir einem dieser Brüder und Schwestern begegnen, sollten wir uns fragen, ob wir fähig sind, in ihm oder in ihr das Antlitz Gottes zu erkennen: Sind wir dazu fähig?

Angelusgebet am 26. Oktober 2014

Kornelius von Rom, Mechthild von Magdeburg,
Edith von Wilton, Julia

GESCHENK DER LIEBE

Auf diese Weise bietet Jesus einem jeden Menschen das Grundkriterium, an dem wir unser Leben ausrichten sollen. Doch vor allem hat er uns den Heiligen Geist geschenkt, der es uns gestattet, wie er Gott und den Nächsten mit einem freien und großmütigen Herzen zu lieben. Auf die Fürsprache Mariens, unserer Mutter, wollen wir uns öffnen, um dieses Geschenk der Liebe zu empfangen und immer auf dem Weg dieses Gesetzes der beiden Gesichter zu gehen, die ein einziges Antlitz sind: dem Gesetz der Liebe.

Angelusgebet am 26. Oktober 2014

SEPTEMBER

Samstag

17

Hildegard von Bingen, Robert Bellarmin, Ariadne (Ariane)

VERTRAUEN IM ALTER

Gott lässt euch nicht im Stich, er ist mit euch! Mit seiner Hilfe seid ihr jetzt wie auch in Zukunft das Gedächtnis für das Volk – und auch für uns, die große Familie der Kirche. [...] Diese Geschwister bezeugen uns, dass die alten Menschen, die den Glauben besitzen, selbst in den schwierigsten Prüfungen wie Bäume sind, die weiter Frucht tragen. Und das gilt auch in den gewöhnlicheren Situationen, wo jedoch andere Spannungen und andere Formen der Diskriminierung herrschen können.

Ansprache an alte Menschen am 28. September 2014

DEN GLAUBEN BEWAHREN

Das Alter ist in besonderer Weise eine Zeit der Gnade, in der der Herr uns seinen Ruf erneuert: Er beruft uns dazu, den Glauben zu bewahren und weiterzugeben, er beruft uns zu beten, speziell im Fürbittgebet; er beruft uns, denen nahe zu sein, die es brauchen … Die Alten, die Großeltern besitzen eine Fähigkeit, die schwierigsten Situationen zu verstehen – eine bedeutende Fähigkeit!

Ansprache an alte Menschen am 28. September 2014

SEPTEMBER

Montag

19

Theodor von Canterbury, Igor von Kiew, Januarius von Neapel

LEBENSERFAHRUNG NUTZEN

Und wenn sie für diese Situationen beten, ist ihr Gebet stark und machtvoll! Den Großeltern, denen der Segen zuteil geworden ist, die Kinder ihrer Kinder zu sehen (vgl. Ps 128,6), ist eine große Aufgabe anvertraut: die Lebenserfahrung, die Geschichte einer Familie, einer Gemeinschaft, eines Volkes weiterzugeben; in Einfachheit eine Weisheit mitzuteilen und den Glauben selbst, das kostbarste Erbe! Selig die Familien, welche die Großeltern in der Nähe haben! Der Großvater ist doppelter Vater, und die Großmutter ist doppelte Mutter.

Ansprache an alte Menschen am 28. September 2014

WEISHEIT DER GENERATIONEN

Als Christen [...] sind wir aufgerufen, uns mit Phantasie und Weisheit Wege auszudenken, um dieser Herausforderung zu begegnen. Ein Volk, das die Großeltern nicht hütet und sie nicht gut behandelt, ist ein Volk, das keine Zukunft hat. Warum hat es keine Zukunft? Weil es das Gedächtnis verliert und sich von den eigenen Wurzeln losreißt. Doch Achtung: Ihr habt die Verantwortung, diese Wurzeln in euch selbst lebendig zu erhalten! Mit dem Gebet, dem Lesen des Evangeliums, den Werken der Barmherzigkeit. So bleiben wir wie lebendige Bäume, die auch im Alter nicht aufhören, Frucht zu bringen. Etwas vom Schönsten im Leben der Familie, in unserem menschlichen Familienleben ist, ein Kind zu liebkosen und sich von einem Großvater und einer Großmutter liebkosen zu lassen.

Ansprache an alte Menschen am 28. September 2014

SEPTEMBER

Mittwoch

21

Apostel Matthäus,
Debora, Jona (Jonas)

DAS GESCHENK DES LEBENS

Es ist bedeutsam, dass auch in einer individualistischen Kultur, die die Beziehungen verfälscht und kurzlebig werden lässt, in jedem Menschen ein grundlegendes Bedürfnis nach Stabilität lebendig bleibt, nach einer offenen Tür, nach jemandem, mit dem man die Erzählung des Lebens verknüpfen und teilen kann, nach einer Geschichte, zu der man gehört. Die von den Eheleuten eingegangene Lebensgemeinschaft, ihre Offenheit für das Geschenk des Lebens, die gegenseitige Obhut, die Begegnung und das Gedächtnis der Generationen, die begleitende Erziehung, die Weitergabe des christlichen Glaubens an die Kinder.

Ansprache zur Vorbereitung auf die Bischofssynode über die Familie am 4. Oktober 2014

Donnerstag

SEPTEMBER

HERBSTANFANG
Mauritius (Moritz),
Emmeram von Regensburg

22

DAS HEIL FINDEN

Wir wissen, dass im Evangelium eine Kraft und eine Zärtlichkeit enthalten sind, die das besiegen können, was Unglück und Gewalt war. Ja, im Evangelium ist das Heil, das die tiefsten Wünsche des Menschen erfüllt. Als Kirche sind wir Zeichen und Werkzeug, lebendiges und wirksames Sakrament dieses Heils, Werk der Barmherzigkeit des Herrn und seine Gnade (vgl. Evangelii gaudium, 112). Wenn das nicht so wäre, dann bliebe unser Bau nur ein Kartenhaus und die Hirten wären nur Funktionäre oder Staatskleriker, auf deren Lippen das Volk vergeblich die Frische und den »Duft des Evangeliums« suchen würde (ebd., 39).

Ansprache zur Vorbereitung auf die Bischofssynode über die Familie am 4. Oktober 2014

SEPTEMBER

Freitag

23

Zacharias und Elisabeth, Thekla, Linus
Pio da Pietrelcina (Padre Pio)

QUELLE DER ERFAHRUNG

Den Blick fest auf Jesus Christus gerichtet zu halten, in der Kontemplation und Anbetung seines Antlitzes zu verweilen. Wenn wir seine Art zu denken, zu leben und in Beziehung zu treten annehmen, dann wird es uns nicht schwer fallen, die Synodenarbeiten in Weisungen und Wege für die Pastoral des Einzelnen und der Familie umzusetzen. Denn jedes Mal, wenn wir zur Quelle der christlichen Erfahrung zurückkehren, dann öffnen sich neue Wege und ungeahnte Möglichkeiten. Dies ist auch aus dem Hinweis des Evangeliums zu entnehmen, wo es heißt: »Was er euch sagt, das tut!«

Ansprache zur Vorbereitung auf die Bischofssynode über die Familie am 4. Oktober 2014

Rupert und Virgil von Salzburg,
Gerhard Sagredo, Hermann der Lahme

MIT DER FREUDE DES EVANGELIUMS

Es sind Worte, die das geistliche Testament Mariens enthalten, »Freundin, die stets aufmerksam ist, dass der Wein in unserem Leben nicht fehlt« (Evangelii gaudium, 286). Machen wir sie uns zu eigen! Dann werden diese drei Dinge – unser Hören und unsere Auseinandersetzung über die mit dem Blick Christi geliebte Familie – eine von der Vorsehung geschenkte Gelegenheit sein, um nach dem Vorbild des heiligen Franziskus die Kirche und die Gesellschaft zu erneuern. Mit der Freude des Evangeliums werden wir die Gangart einer versöhnten und barmherzigen Kirche wiederfinden, einer armen Kirche, die Freundin der Armen ist.

Ansprache zur Vorbereitung auf die Bischofssynode über die Familie am 4. Oktober 2014

SEPTEMBER

Sonntag

25

26. SO. IM JAHRESKREIS
Nikolaus von Flüe (Bruder Klaus),
Gottfried Thelen

WIR SIND ZUGEHÖRIG

Wir sind nicht isoliert, und wir sind keine individuellen Christen, jeder für sich, nein, unsere christliche Identität ist Zugehörigkeit! Wir sind Christen, weil wir zur Kirche gehören. Es ist wie ein Nachname: Wenn der Name lautet »Ich bin Christ«, so lautet der Nachname »Ich gehöre zur Kirche«. Es ist sehr schön zu sehen, dass diese Zugehörigkeit auch in dem Namen zum Ausdruck kommt, den Gott sich selbst gibt.

Generalaudienz am 25. Juni 2015

Kosmas und Damian, Kaspar Stanggassinger, Eugenia von Odilienburg

BUND MIT GOTT

In seiner Antwort an Mose, im wunderschönen Bericht vom »brennenden Dornbusch« (vgl. Ex 3,15), bezeichnet er sich nämlich als »der Gott eurer Väter«. Er sagt nicht: Ich bin der Allmächtige …, nein: Ich bin der Gott Abrahams, der Gott Isaaks, der Gott Jakobs. Auf diese Weise offenbart er sich als der Gott, der mit unseren Vätern einen Bund geschlossen hat und der seinem Pakt immer treu bleibt und uns auffordert, einzutreten in diese Beziehung, die uns vorausgeht. Diese Beziehung Gottes mit seinem Volk geht uns allen voraus, kommt aus jener Zeit.

Generalaudienz am 25. Juni 2014

27

Vinzenz von Paul, Hiltrud von Lissies, Dietrich I. von Naumburg

VOLK GOTTES

Keiner wird Christ aus sich heraus. Christen werden nicht im Labor hergestellt. Der Christ ist Teil eines Volkes, das aus der Ferne kommt. Der Christ gehört einem Volk an, das Kirche heißt, und diese Kirche macht ihn zum Christen, am Tag der Taufe, und dann im Laufe der Katechese, und so weiter. Aber keiner, keiner wird Christ aus sich heraus. Wenn wir glauben, wenn wir beten können, wenn wir den Herrn erkennen und sein Wort hören können, wenn wir spüren, dass er nahe ist, und ihn in den Brüdern erkennen, dann weil andere vor uns den Glauben gelebt und ihn dann an uns weitergegeben haben.

Generalaudienz am 25. Juni 2014

GLAUBEN EMPFANGEN

Wir haben den Glauben von unseren Vätern, von unseren Vorfahren empfangen, und sie haben ihn uns gelehrt. Wenn wir gut darüber nachdenken, wer weiß wie viele liebe Gesichter uns jetzt vor Augen stehen: Es mag das Gesicht unserer Eltern sein, die für uns die Taufe erbeten haben; das unserer Großeltern oder eines Angehörigen, der uns gelehrt hat, das Kreuzzeichen zu machen und die ersten Gebete zu sprechen. Ich erinnere mich immer an das Gesicht der Ordensschwester, die mich den Katechismus gelehrt hat, immer kommt sie mir in den Sinn – sie ist sicher im Himmel, weil sie eine heilige Frau ist – aber ich erinnere mich immer an sie und danke Gott für diese Ordensschwester.

Generalaudienz am 25. Juni 2014

SEPTEMBER

Donnerstag

29

Erzengel Michael, Gabriel und Rafael,
Johannes von Dukla (Jan)

IN GEMEINSCHAFT GLAUBEN

In der Kirche gibt es kein »Selbermachen«, gibt es keine »Einzelkämpfer«. Wie oft hat Papst Benedikt die Kirche als ein kirchliches »Wir« beschrieben. Manchmal kommt es vor, das man jemanden sagen hört: »Ich glaube an Gott, ich glaube an Jesus, aber die Kirche interessiert mich nicht …« Wie oft haben wir das gehört? Und das geht nicht. Es gibt Menschen, die behaupten, sie hätten eine persönliche, direkte, unmittelbare Beziehung mit Jesus Christus außerhalb der Gemeinschaft und der Mittlerschaft der Kirche. Das sind gefährliche und schädliche Versuchungen. Es sind, wie der große Paul VI. sagte, absurde Dichotomien.

Generalaudienz am 25. Juni 2014

Hieronymus, Sophia von Mailand,
Urs und Viktor von Solothurn

ZUGEHÖRIG SEIN

Es ist wahr, dass es mühevoll ist, gemeinsam unterwegs zu sein, und sich manchmal als anstrengend erweisen kann: Es kann passieren, dass irgendein Bruder oder irgendeine Schwester uns Probleme bereitet oder für uns zum Stein des Anstoßes wird ... Aber der Herr hat seine Heilsbotschaft menschlichen Personen, uns allen, Zeugen anvertraut; und in unseren Brüdern und in unseren Schwestern, mit ihren Gaben und ihren Grenzen, kommt er uns entgegen und lässt sich erkennen. Und das bedeutet, zur Kirche zu gehören. Erinnert euch gut daran: Christ sein bedeutet Zugehörigkeit zur Kirche. Der Name ist »Christ«, der Nachname ist »Zugehörigkeit zur Kirche«.

Generalaudienz am 25. Juni 2014

Samstag

OKTOBER

01

Thérèse von Lisieux, Werner von Wilten, Emanuel von Cremona

DIE BRÜDER LIEBEN

[Bitten] wir den Herrn durch die Fürsprache der Jungfrau Maria, Mutter der Kirche, um die Gnade, nie in die Versuchung zu fallen, zu denken, ohne die anderen auskommen zu können, ohne die Kirche auskommen zu können, uns allein erlösen zu können, Christen »aus dem Labor« zu sein. Im Gegenteil, man kann Gott nicht lieben, ohne die Brüder zu lieben, man kann Gott nicht außerhalb der Kirche lieben; man kann nicht in Gemeinschaft mit Gott sein, ohne es in der Kirche zu sein, und wir können keine guten Christen sein wenn nicht in Gemeinschaft mit allen, die bestrebt sind, dem Herrn Jesus nachzufolgen, als ein Volk, ein Leib, und das ist die Kirche.

Generalaudienz am 25. Juni 2014

EINE UND HEILIGE KIRCHE

Immer wenn wir unser Glaubensbekenntnis erneuern, indem wir das »Credo« sprechen, sagen wir, dass die Kirche »eine« und »heilig« ist. Sie ist »eine«, weil sie ihren Ursprung im dreifaltigen Gott hat, der ein Geheimnis der Einheit und der vollkommenen Gemeinschaft ist. Außerdem ist die Kirche heilig, da sie auf Jesus Christus gründet, durch seinen Heiligen Geist belebt wird, von seiner Liebe und seinem Heil erfüllt ist. Sie ist jedoch gleichzeitig heilig und besteht aus Sündern, uns allen, Sündern, die wir jeden Tag die Erfahrung unserer Schwachheit und unseres Elends machen.

Generalaudienz am 27. August 2014

Montag

OKTOBER

03

TAG DER DEUTSCHEN EINHEIT
Irmgard von Baindt, Ewald,
Utto von Metten (Udo)

VERGEBUNG ERLANGEN

Dieser Glaube, den wir bekennen, drängt uns also zur Umkehr. Er spornt uns an, den Mut zu haben, täglich die Einheit und die Heiligkeit zu leben. Und wenn wir nicht vereint sind, wenn wir nicht heilig sind, dann weil wir Jesus nicht treu sind. Aber er, Jesus, lässt uns nicht allein, er verlässt seine Kirche nicht! Er geht mit uns, er versteht uns. Er versteht unsere Schwachheit, unsere Sünden, er vergibt uns – vorausgesetzt, dass wir uns vergeben lassen. Er ist stets bei uns und hilft uns, weniger Sünder zu sein, heiliger zu werden, vereinter zu sein.

Generalaudienz am 27. August 2014

VORBILD MARIA

Christ wird man auch nicht im Labor, sondern man wird im großen Leib der Kirche geboren und wächst dort im Glauben heran. In diesem Sinne ist die Kirche wahrhaft Mutter, unsere Mutter Kirche – es ist schön, es so zu sagen: unsere Mutter Kirche – eine Mutter, die uns Leben schenkt in Christus und uns mit allen anderen Brüdern und Schwestern in der Gemeinschaft des Heiligen Geistes leben lässt. Das Vorbild für diese Mutterschaft der Kirche ist die Jungfrau Maria, das schönste und erhabenste Vorbild, das es geben kann. [...] Die Mutterschaft Marias ist gewiss einzigartig, und sie hat sich in der Fülle der Zeit verwirklicht, als die Jungfrau Maria den Sohn Gottes durch das Wirken des Heiligen Geistes empfing und zur Welt brachte.

Generalaudienz am 3. September 2014

Mittwoch

OKTOBER

05

Meinolf, Maria Faustina Kowalska, Anna Schäffer

DAS ZÄRTLICHE ANTLITZ DER KIRCHE

In der Fruchtbarkeit des Heiligen Geistes bringt die Kirche auch weiterhin neue Kinder in Christus hervor, im beständigen Hören auf das Wort Gottes und in der Fügsamkeit gegenüber seinem Liebesplan. Die Kirche ist Mutter. Denn die Geburt Jesu im Schoß Marias ist Auftakt der Geburt eines jeden Christen im Schoß der Kirche, da Christus der Erstgeborene von vielen Brüdern ist (vgl. Röm 8,29). Und unser erster Bruder, Jesus, ist von Maria geboren, er ist das Vorbild, und wir alle sind in der Kirche geboren. Von daher verstehen wir, dass die Beziehung, die Maria mit der Kirche verbindet, ganz tief ist: Wenn wir auf Maria schauen, entdecken wir das schönste und zärtlichste Antlitz der Kirche; und wenn wir auf die Kirche schauen, erkennen wir die erhabenen Züge Marias.

Generalaudienz am 3. September 2014

MUTTER KIRCHE

Wir Christen sind keine Waisen, wir haben eine liebevolle Mutter, wir haben eine Mutter, und das ist großartig! [...] Die Kirche ist Mutter. Maria ist Mutter. Die Kirche ist unsere Mutter, weil sie uns in der Taufe geboren hat. Jedes Mal, wenn wir ein Kind taufen, wird es zum Kind der Kirche, wird es in die Kirche hineingenommen. Und von jenem Tag an lässt sie uns als fürsorgliche Mutter im Glauben wachsen, weist uns in der Kraft des Wortes Gottes den Weg des Heils und schützt uns vor dem Bösen.

Generalaudienz am 3. September 2014

Freitag

OKTOBER

07

Unsere Liebe Frau vom Rosenkranz, Rosa, Justina von Padua, Jörg

WORTE, DIE VERWANDELN

Von Jesus hat die Kirche den kostbaren Schatz des Evangeliums empfangen, nicht um ihn für sich zu behalten, sondern um ihn großherzig den anderen zu schenken, wie eine Mutter es tut. In diesem Dienst der Evangelisierung offenbart sich die Mutterschaft der Kirche ganz besonders: Wie eine Mutter sorgt sie dafür, ihren Kindern die geistliche Nahrung zu geben, die das christliche Leben nährt und es Früchte tragen lässt. Wir alle sind daher berufen, mit offenem Herzen und Verstand das Wort Gottes anzunehmen, das die Kirche jeden Tag an uns verteilt, denn dieses Wort kann uns von innen her verwandeln.

Generalaudienz am 3. September 2014

Samstag

Gunther von Regensburg,
Dementrius von Saloniki (Dimitri)

08 OKTOBER

DEM HEILIGEN GEIST FOLGEN

Nur das Wort Gottes kann uns tief im Innern, in unseren tiefsten Wurzeln verwandeln. Das Wort Gottes hat diese Macht. Und wer gibt uns das Wort Gottes? Die Mutter Kirche. Sie stillt uns wie Kinder mit diesem Wort, sie lässt uns das ganze Leben hindurch mit diesem Wort wachsen, und das ist großartig! Die Mutter Kirche ist es, die uns mit dem Wort Gottes im Innern verwandelt. Das Wort Gottes, das uns die Mutter Kirche gibt, verwandelt uns. Es bewirkt, dass unsere Menschennatur nicht dem Rhythmus der Weltlichkeit des Fleisches, sondern dem des Heiligen Geistes folgt.

Generalaudienz am 3. September 2014

Sonntag

OKTOBER

09

28. SO. IM JAHRESKREIS
Dionysius von Paris, Abraham und Sara, Johannes Leonardi, Gunther von Thüringen

DIE GNADE DER SAKRAMENTE

In ihrer mütterlichen Fürsorge ist die Kirche bemüht, den Gläubigen den Weg zu zeigen, den sie gehen sollen, um ein fruchtbares Leben in Freude und Frieden zu führen. Erleuchtet vom Licht des Evangeliums und gestützt von der Gnade der Sakramente, besonders der Eucharistie, können wir unsere Entscheidungen auf das Gute hin ausrichten und mit Mut und Hoffnung durch Augenblicke der Finsternis und über steinige Pfade gehen.

Generalaudienz am 3. September 2014

Montag

Gereon von Köln, Viktor von Xanten,
Sybille von Gages

10 OKTOBER

WACHSAM LEBEN

Der Weg des Heils, auf dem die Kirche uns führt und uns mit der Kraft des Evangeliums und mit der Unterstützung der Sakramente begleitet, schenkt uns die Fähigkeit, uns gegen das Böse zu verteidigen. Die Kirche hat den Mut einer Mutter, die weiß, dass sie ihre Kinder vor den Gefahren, die aus der Gegenwart Satans in der Welt kommen, schützen muss, um sie zur Begegnung mit Jesus zu führen. Eine Mutter verteidigt ihre Kinder immer. Zu dieser Verteidigung gehört auch die Mahnung zur Wachsamkeit: wachsam zu sein gegenüber dem Trug und der Verführung des Bösen.

Generalaudienz am 3. September 2014

Dienstag

OKTOBER

11

Johannes XXIII., Bruno I. von Köln,
Jakob Griesinger

DEM SATAN WIDERSTEHEN

Denn auch wenn Gott den Satan besiegt hat, so kehrt dieser mit seinen Versuchungen immer wieder zurück: Das wissen wir, wir alle werden versucht, wir sind versucht worden, und wir werden weiterhin versucht. Satan kommt »wie ein brüllender Löwe« (1 Petr 5,8), sagt der Apostel Petrus, und es liegt an uns, nicht naiv zu sein, sondern zu wachen und mit festem Glauben zu widerstehen – zu widerstehen mit dem Rat der Mutter Kirche, zu widerstehen mit der Hilfe der Mutter Kirche, die wie eine gute Mutter in schwierigen Augenblicken stets bei ihren Kindern ist.

Generalaudienz am 3. September 2014

JESUS NAHE SEIN

Um mit den anderen über Jesus zu sprechen, müssen wir ihn kennen und lieben, ihn im Gebet und im Hören seines Wortes erfahren. Darin seid ihr im Vorteil wegen eures liturgischen Dienstes, der euch erlaubt, Jesus, dem Wort und dem Brot des Lebens, nahe zu sein. Ich gebe euch einen Rat: Das Evangelium, das ihr in der Liturgie hört, lest es noch einmal für euch selbst, im Stillen, und wendet es auf euer Leben an. Und mit der Liebe Christi, die ihr in der heiligen Kommunion erhalten habt, werdet ihr es in die Tat umsetzen können. Der Herr ruft jeden von euch, auf seinem Feld zu arbeiten. Er ruft euch, frohe Akteure in seiner Kirche zu sein, die bereit sind, ihren Freunden weiterzusagen, was er euch mitgeteilt hat, besonders seine Barmherzigkeit.

Ansprache an die Teilnehmer der deutschen Ministrantenwallfahrt am 5. August 2014

Donnerstag

OKTOBER

13

Eduard der Bekenner, Sinpert,
Alexandrina Maria da Costa

DIE FREIHEIT GUT GEBRAUCHEN

Weil Gott uns nach seinem Bild geschaffen hat, haben wir von ihm auch dieses große Geschenk der Freiheit erhalten. Wenn wir die Freiheit aber nicht gut gebrauchen, kann sie uns von Gott weit weg führen, kann uns die Würde verlieren lassen, die er uns verliehen hat. Daher sind Orientierungshilfen, Anweisungen und auch Regeln nötig – sowohl in der Gesellschaft, als auch in der Kirche – um uns zu helfen, den Willen Gottes zu tun und auf diese Weise entsprechend unserer Würde als Menschen und als Kinder Gottes zu leben.

Ansprache an die Teilnehmer der deutschen Ministrantenwallfahrt am 5. August 2014

ECHTE FREUDE FINDEN

Wenn die Freiheit nicht vom Evangelium geprägt ist, kann sie sich in Sklaverei verwandeln: in die Sklaverei der Sünde. Unsere Stammeltern, Adam und Eva, haben sich vom göttlichen Willen entfernt und sind so in die Sünde gefallen, also in einen schlechten Gebrauch der Freiheit. Liebe junge Freunde, gebraucht eure Freiheit nicht falsch! Vertut nicht eure große Würde als Kinder Gottes, die euch geschenkt ist. Wenn ihr Jesus und seinem Evangelium folgt, wird eure Freiheit sich entfalten wie eine blühende Pflanze und gute sowie reichhaltige Frucht bringen. Ihr werdet die echte Freude finden, weil Gott will, dass wir vollkommen glücklich und sinnerfüllt sind. Nur wenn wir uns dem Willen Gottes fügen, können wir das Gute vollbringen und Licht der Welt wie auch Salz der Erde sein!

Ansprache an die Teilnehmer der deutschen Ministrantenwallfahrt am 5. August 2014

Samstag

OKTOBER

15

Teresa von Ávila (von Jesus),
Aurelia von Regensburg, Willa von Salzburg

GENERATIONEN ZUSAMMENFÜHREN

Der Evangelist Lukas [Lk 2, 22-40] erzählt, dass die Muttergottes und der heilige Josef den Knaben gemäß dem Gesetz des Mose zum Tempel brachten, um ihn dem Herrn darzubringen, und dass zwei alte Menschen, Simeon und Hanna, vom Heiligen Geist geführt, ihnen entgegengingen und in Jesus den Messias erkannten (vgl. Lk 2,22-38). Simeon nahm ihn in die Arme und dankte Gott, weil er endlich das Heil »geschaut« hatte; Hanna fand trotz ihres hohen Alters neue Kraft und sprach zu allen über das Kind. Das ist ein schönes Bild: zwei junge Eltern und zwei alte Menschen von Jesus zusammengeführt.

Brief an die Familien vom 2. Februar 2014

DIE LIEBE DARF NICHT FEHLEN

Jesus lässt die Generationen einander begegnen und vereint sie! Er ist die unerschöpfliche Quelle jener Liebe, die alle Verschlossenheit, alle Einsamkeit, alle Traurigkeit überwindet. Auf eurem Weg als Familie teilt ihr viele schöne Momente miteinander: die Mahlzeiten, die Ruhe, die Arbeit im Hause, die Vergnügungen, das Gebet, die Reisen und die Wallfahrten, die Taten der Solidarität ... Doch wenn die Liebe fehlt, fehlt die Freude, und die echte Liebe wird uns von Jesus geschenkt: Er bietet uns sein Wort an, das unseren Weg erleuchtet; er gibt uns das Brot des Lebens, das die tägliche Mühe unseres Weges unterstützt.

Brief an die Familien vom 2. Februar 2014

Montag

OKTOBER

17

Ignatius von Antiochien, Anselm von Wien, Contardo Ferrini

TUN, WAS CHRISTUS SAGT

Jesus verlangt von uns nicht mehr, als wir geben können. Dies eröffnet uns auch eine hoffnungsvolle Perspektive für die Zukunft: Wenn wir den kleinen Funken unseres Glaubens ihm im Gebet hinhalten, wird er daraus stets neu missionarisches Feuer entfachen. Die Jungfrau Maria, die Mutter der Kirche […], sei uns darin Vorbild, das zu tun, was Christus uns sagt (vgl. Joh 2,5). Und wir bitten sie um ihre mütterliche Fürsprache, damit wir unserem Auftrag als Christen gerecht werden, freudigen Herzens den Menschen die Liebe Gottes zu bezeugen.

Botschaft zum 1200. Jahrestag der Errichtung der Diözese Hildesheim vom 6. August 2014

GOTT HÖREN

[Ich möchte] eure Aufmerksamkeit auf die Bedeutung des Hörens lenken. »Menschensohn«, sagte der Herr zum Prophet Ezechiel, »nimm alle meine Worte, die ich dir sage, mit deinem Herzen auf, und höre mit deinen Ohren« (Ez 3,10). Der Theologe ist vor allem ein Glaubender, der das Wort des lebendigen Gottes hört und es in sein Herz und seinen Verstand aufnimmt. Aber der Theologe muss auch demütig auf das hören, »was der Geist den Gemeinden sagt« (Offb 2,7) durch die verschiedenen Zeugnisse des gelebten Glaubens des Gottesvolkes.

Ansprache an die Internationale Theologische Kommission am 5. Dezember 2014

OHNE NEID LEBEN

Denken wir daran, wie viele Spaltungen, wie viel Neid es in unseren christlichen Gemeinschaften, in einigen Pfarrgemeinden, in unseren Stadtvierteln gibt, wie sehr über andere hergezogen wird, wie viel Unverständnis und Ausgrenzung herrscht. Und was bringt das mit sich? Es spaltet, »zergliedert« uns. Es ist der Beginn des Krieges. Der Krieg beginnt nicht auf dem Schlachtfeld: Der Krieg, die Kriege beginnen im Herzen, mit Unverständnis, Spaltungen, Neid, mit dem Kampf gegen die anderen. Die Gemeinde von Korinth war so, sie waren Meister darin!

Generalaudienz am 22. Oktober 2014

DAS GUTE SEHEN

Der Apostel Paulus hat den Korinthern einige konkrete Ratschläge gegeben, die auch für uns gelten: nicht neidisch sein, sondern in unseren Gemeinden die Gaben und die guten Eigenschaften unserer Brüder anerkennen. Der Neid: »Der hat ein Auto gekauft«, und ich verspüre hier Neid. »Der hat im Lotto gewonnen«, und wieder Neid. »Und dem da gelingt das so gut«, und wieder Neid. All das zerstückelt. Es tut weh, man darf es nicht tun! Denn so wächst der Neid und erfüllt das Herz.

Generalaudienz am 22. Oktober 2014

Freitag

OKTOBER

21

Ursula von Köln, Antonia, Clementine, Celina

FÜR DEN ANDEREN DANKEN

Und ein neidisches Herz ist ein »säuerliches« Herz, ein Herz, das anstelle von Blut Essig zu enthalten scheint. Es ist ein Herz, das nie glücklich ist, es ist ein Herz, das die Gemeinde zerstückelt. Aber was soll ich tun? In unseren Gemeinschaften die Gaben und die guten Eigenschaften der anderen, unserer Brüder anerkennen. Und wenn Neid in mir aufkommt – denn er kommt in allen auf, wir sind alle Sünder –, muss ich zum Herrn sagen: »Danke, Herr, dass du jener Person das geschenkt hast.« Die guten Eigenschaften anerkennen, den anderen nahe sein und am Leiden der Geringsten und der Ärmsten Anteil nehmen; allen seine Dankbarkeit zum Ausdruck bringen.

Generalaudienz am 22. Oktober 2014

Samstag

Johannes Paul II., Kordula, Ingbert,
Salome von Galiläa

22 OKTOBER

DANKBAR LEBEN

Das Herz, das zu danken weiß, ist ein gutes Herz, ist ein edles Herz, ist ein Herz, das zufrieden ist. Ich frage euch: Wissen wir alle immer zu danken? Nicht immer, denn der Neid, die Eifersucht bremsen uns ein wenig. Und abschließend der Rat, den der Apostel Paulus den Korinthern gibt und den auch wir einander geben müssen: nicht meinen, dass jemand den anderen überlegen sei. Wie viele Menschen fühlen sich den anderen überlegen! Auch wir sagen manchmal wie jener Pharisäer aus dem Gleichnis: »Ich danke dir, Herr, weil ich nicht wie jener bin, ich bin ihm überlegen.« Das ist jedoch schlecht, man darf es niemals tun!

Generalaudienz am 22. Oktober 2014

Sonntag

OKTOBER

23

30. SO. IM JAHRESKREIS
WELTMISSIONSSONNTAG
Johannes von Capestrano, Severin von Köln

FÜR DIE EINHEIT STREITEN

Die Spaltungen unter den Christen verletzen die Kirche, und damit verletzen sie Christus, und wenn wir gespalten sind, fügen wir Christus eine Wunde zu: Denn die Kirche ist der Leib, dessen Haupt Christus ist. Wir wissen gut, wie sehr es Christus am Herzen lag, dass seine Jünger in seiner Liebe vereint bleiben. Es genügt, an seine Worte zu denken, die im 17. Kapitel des Evangeliums nach Johannes wiedergegeben sind – das Gebet, das er unmittelbar vor dem Leiden an seinen Vater richtet: »Heiliger Vater, bewahre sie in deinem Namen, den du mir gegeben hast, damit sie eins sind wie wir« (Joh 17,11).

Generalaudienz am 8. Oktober 2014

Montag

Antonius Maria Claret,
Evergisilus von Köln, Luigi

24 OKTOBER

GLAUBWÜRDIG LEBEN

Die Einheit [der Christen] war bereits gefährdet, als Jesus noch unter den Seinen war: Denn im Evangelium wird daran erinnert, dass die Apostel untereinander darüber diskutierten, wer der Größte, der Wichtigste sei (vgl. Lk 9,46). Der Herr hat jedoch sehr auf der Einheit im Namen des Vaters bestanden und uns zu verstehen gegeben, dass unsere Verkündigung und unser Zeugnis umso glaubwürdiger sind, je mehr wir selbst als Erste fähig sind, in Gemeinschaft zu leben und einander zu lieben.

Generalaudienz am 8. Oktober 2014

Ludwig III. von Arnstein, Chrysanth und Daria, Margareta von Roskilde

GEMEINSAMKEITEN FINDEN

[Der Herr] bittet uns, den Blick nicht auf das zu richten, was uns spaltet, sondern vielmehr auf das, was uns vereint, und zu versuchen, Jesus besser kennen zu lernen und zu lieben und den Reichtum seiner Liebe zu teilen. Und das erfordert konkret, sich der Wahrheit zu stellen und gleichzeitig fähig zu sein, einander zu vergeben, sich als Teil ein und derselben christlichen Familie zu sehen, einander als Geschenk zu betrachten und gemeinsam viele gute Dinge und Werke der Nächstenliebe zu tun.

Generalaudienz am 8. Oktober 2014

MUT FÜR BEGEGNUNG

Gehen wir also voran zur vollen Einheit! Die Geschichte hat uns getrennt, aber wir sind auf dem Weg zur Versöhnung und zur Gemeinschaft! Das ist wahr! Und wir müssen es verteidigen! Wir alle sind auf dem Weg zur Gemeinschaft. Und wenn das Ziel uns zu fern, nahezu unerreichbar zu sein scheint und wir uns von Mutlosigkeit ergriffen fühlen, dann möge uns die Vorstellung Mut machen, dass Gott vor der Stimme seines Sohnes Jesus nicht das Ohr verschließen kann und sein und unser Gebet erhören muss, auf dass alle Christen wirklich eins seien.

Generalaudienz am 8. Oktober 2014

Donnerstag

OKTOBER

27

Wolfhard von Augsburg, Vinzenz, Sabina und Christeta

GNADE ERFAHREN

Das Sakrament der Taufe erinnert uns an eine grundlegende und äußerst tröstliche Wahrheit: Der Herr kommt uns stets mit seiner Liebe und seiner Gnade zuvor. Er geht unseren Gemeinschaften voraus. Er geht voraus, ist zuerst da und bereitet die Herzen derer vor, die das Evangelium verkünden, und auch die Herzen derer, die das Evangelium der Erlösung annehmen. »Aus einer Lektüre der Schrift geht außerdem klar hervor, dass das Angebot des Evangeliums nicht nur in einer persönlichen Beziehung zu Gott besteht.

Ansprache an die WEA am 6. Oktober 2014

MEHR ALS DAS GEWISSEN BERUHIGEN

Unsere Antwort der Liebe dürfte auch nicht als eine bloße Summe kleiner persönlicher Gesten gegenüber irgendeinem Notleidenden verstanden werden ... eine Reihe von Taten, die nur darauf ausgerichtet sind, das eigene Gewissen zu beruhigen. Das Angebot ist das Reich Gottes (vgl. Lk 4,43); es geht darum, Gott zu lieben, der in der Welt herrscht« (Evangelii gaudium, 180). Das Reich Gottes war immer schon vor uns da, gerade so wie das Mysterium der Einheit der Kirche immer schon vor uns da war. Es hat von Anfang an Spaltungen unter den Christen gegeben, und traurigerweise bestehen bis heute Konflikte und Gegensätze zwischen unseren Gemeinschaften.

Ansprache an die WEA am 6. Oktober 2014

Samstag

OKTOBER

29 Michael Rua, Margarete von Hohenfels, Ida von Leeuw

FÜR DIE LIEBE ZEUGNIS ABLEGEN

Dieser Umstand schwächt unsere Fähigkeit, das Gebot des Herrn zu erfüllen, allen Völkern das Evangelium zu verkünden (vgl. Mt 28,19-20). Unsere Spaltungen verunstalten die Schönheit des nahtlosen Gewandes Christi, aber sie vermögen es nicht, die tiefe Einheit vollkommen zu zerstören, die die Gnade in allen Getauften bewirkt hat (vgl. Unitatis redintegratio, 13). Die Wirksamkeit der christlichen Botschaft wäre zweifelsohne größer, wenn die Christen ihre Spaltungen überwinden und gemeinsam die Sakramente feiern, das Wort Gottes verbreiten und für die Liebe Zeugnis ablegen könnten.

Ansprache an die WEA am 6. Oktober 2014

MIT DER FREUDE DES HERRN

Einheit in der Verschiedenheit [...] heißt, mit Freude die unterschiedlichen Gaben anzuerkennen und anzunehmen, die der Heilige Geist jedem gibt, und sie in der Kirche in den Dienst aller zu stellen. Im Evangelium Mt 14,1-6 gibt es diese Uniformität der Männer, die am Buchstaben klebten: »Das darf man so nicht tun ...«, so dass der Herr die Frage stellen musste: »Sage mir, ist es erlaubt, am Sabbat Gutes zu tun, oder darf man das nicht?« Das ist die Gefahr der Uniformität.

Ansprache an die Catholic Fraternity of Charismatic Communities am 31. Oktober 2014

EIGENART UND EINHEIT

Einheit bedeutet Zuhören, zu wissen, die Verschiedenheiten anzunehmen, die Freiheit zu haben, anders zu denken und es auszusprechen! Mit allem Respekt gegenüber dem anderen, der mein Bruder ist. Habt keine Angst vor Unterschieden! Im Apostolischen Schreiben Evangelii gaudium habe ich dazu gesagt: »Das Modell ist nicht die Kugel, die den Teilen nicht übergeordnet ist, wo jeder Punkt gleich weit vom Zentrum entfernt ist und es keine Unterschiede zwischen dem einen und dem anderen Punkt gibt. Das Modell ist das Polyeder, welches das Zusammentreffen aller Teile wiedergibt, die in ihm ihre Eigenart bewahren« (236), aber eine Einheit bilden.

Ansprache an die Catholic Fraternity of Charismatic Communities am 31. Oktober 2014

TEILHABE AM HEILIGEN

Die ersten beiden Tage des Monats November sind für uns alle ein intensiver Moment des Glaubens, des Gebets und des Nachdenkens über die »Letzten Dinge« des Lebens. Mit der Feier aller Heiligen und dem Gedenken an alle verstorbenen Gläubigen lebt die auf Erden pilgernde Kirche das geistliche Band, das sie mit der Kirche im Himmel vereint, und bringt es in der Liturgie zum Ausdruck. Heute preisen wir Gott für die zahllose Schar der Heiligen aller Zeiten: gewöhnliche, einfache Männer und Frauen, die bisweilen in den Augen der Welt »letzte« waren, jedoch für Gott zu »den ersten« gehören.

Angelusgebet am 1. November 2014

KRAFT DER HEILIGEN

Die Kirche ist *communio sanctorum*, weil die Heiligen an ihr teilhaben, aber auch weil sie Gemeinschaft an heiligen Dingen ist: an der Liebe Gottes, die in Christus offenbar geworden ist, und an allen seinen Gaben. Zu diesen gehört auch die Antwort derer, die sich von dieser Liebe erreichen lassen. In dieser Gemeinschaft der Heiligen und der Teilhabe am Heiligen besitzt keiner etwas nur für sich, sondern was er hat, ist für alle. Und weil wir in Gott verbunden sind, können wir auch etwas für die Fernen und diejenigen tun, die wir aus eigener Kraft niemals erreichen könnten, denn mit ihnen und für sie beten wir zu Gott, damit wir uns alle seinem Heilswirken öffnen.

Botschaft zur österlichen Bußzeit 2015 am 4. Oktober 2014

Donnerstag

NOVEMBER

03

Hubert von Lüttich, Rupert Mayer, Silvia, Martin von Porres,

GEMEINSCHAFT DER HEILIGEN

Was beutetet das: die *Gemeinschaft der Heiligen?* Es ist die Gemeinschaft, die aus dem Glauben entsteht und alle eint, die durch die Taufe zu Christus gehören. Es handelt sich um eine geistliche Einheit – wir alle sind vereint! –, die durch den Tod nicht gebrochen wird, sondern sich im anderen Leben fortsetzt. Es gibt in der Tat eine unzerstörbare Verbundenheit zwischen uns, die wir in dieser Welt leben, und allen, die die Schwelle des Todes überschritten haben. Wir hier unten auf Erden bilden zusammen mit jenen, die in die Ewigkeit eingegangen sind, eine einzige große Familie.

Angelusgebet am 1. November 2014

Freitag

NOVEMBER

04

Karl Borromäus, Gregor von Burtscheid, Reinhard

EINHEIT DER KIRCHE

Diese Vertrautheit wie in einer Familie bleibt bestehen. Diese wunderbare Gemeinschaft, diese wunderbare Einheit zwischen Erde und Himmel wird auf höchste und innigste Weise in der Liturgie und vor allem in der Feier der Eucharistie gegenwärtig, welche die tiefste Einheit unter den Gliedern der Kirche zum Ausdruck bringt und verwirklicht.
Denn in der Eucharistie begegnen wir dem lebendigen Jesus und seiner Kraft, und durch ihn treten wir in Gemeinschaft mit unseren Brüdern und Schwestern im Glauben: mit jenen, die hier mit uns auf Erden leben, und mit jenen, die uns in das andere Leben vorangegangen sind, das Leben ohne Ende.

Angelusgebet am 1. November 2014

Bernhard Lichtenberg, Emmerich von Ungarn (Heinrich), Berthild von Celles

DAS ANTLITZ DES VATERS SCHAUEN

Diese Wirklichkeit erfüllt uns mit Freude: Es ist schön, so viele Brüder und Schwestern im Glauben zu haben, die an unserer Seite gehen, uns mit ihrer Hilfe beistehen und gemeinsam mit uns denselben Weg zum Himmel beschreiten. Und es ist tröstlich zu wissen, dass es andere Brüder und Schwestern gibt, die den Himmel bereits erreicht haben, auf uns warten und für uns beten, damit wir zusammen in Ewigkeit das glorreiche und barmherzige Antlitz des Vaters schauen können.

Angelusgebet am 1. November 2014

32. SO. IM JAHRESKREIS
Leonhard von Noblat, Rudolf von Büren, Christine von Stommeln

MARIA, AUFMERKSAME MUTTER

In der großen Versammlung der Heiligen hat Gott der Mutter Jesu den ersten Platz vorbehalten wollen. Maria ist die Mitte der Gemeinschaft der Heiligen als einzigartige Hüterin des Bandes der universalen Kirche mit Christus, des Bandes der Familie. Sie ist die Mutter, sie ist Mutter von uns allen, unsere Mutter. Für den, der Jesus auf dem Weg des Evangeliums folgen will, ist sie sichere Führerin, da sie die erste Jüngerin ist. Sie ist die fürsorgliche und aufmerksame Mutter, der wir jedes Anliegen und jede Schwierigkeit anvertrauen können.

Angelusgebet am 1. November 2014

Montag

Ernst von Neresheim, Engelbert I. von Köln,
Karina von Angora

07 NOVEMBER

RUHE FINDEN

[In den letzten Tagen] haben viele einen Besuch auf dem Friedhof gemacht, der, wie das italienische Wort »cimitero« sagt, eine »Ruhestätte« ist, in Erwartung des endgültigen Erwachens. Es ist schön daran zu denken, dass Jesus selbst uns aufwecken wird. Jesus selbst hat offenbart, dass der Tod des Leibes einem Schlaf gleicht, aus dem er uns erweckt. Mit diesem Glauben halten wir – auch geistlich – bei den Gräbern unserer Lieben inne, bei denen, die uns gern gehabt und uns Gutes getan haben.

Angelusgebet am 2. November 2014

NOVEMBER

Dienstag

08

Gregor von Einsiedeln, Gottfried von Amiens, Johannes Duns Skotus

ERFÜLLUNG IN GOTT

Das Gedächtnis der Verstorbenen, die Pflege der Gräber und die Fürbittgebete sind Zeugnis zuversichtlicher Hoffnung, die in der Gewissheit verwurzelt ist, dass der Tod nicht das letzte Wort über das menschliche Schicksal ist, da der Mensch zu einem Leben ohne Grenzen bestimmt ist, das seine Wurzel und seine Erfüllung in Gott hat.

Angelusgebet am 2. November 2014

QUELLE DER HOFFNUNG

Mit dem Glauben an die letzte Bestimmung des Menschen wenden wir uns jetzt an die Gottesmutter, die unter dem Kreuz das Drama des Todes Christi durchlitten und dann an der Freude über seine Auferstehung Anteil genommen hat. Sie, Pforte des Himmels, helfe uns, immer mehr den Wert des Fürbittgebets für die Verstorbenen zu verstehen. Sie sind uns nahe! Sie stehe uns bei in unserer täglichen Pilgerschaft auf Erden und helfe uns, nie das letzte Ziel des Lebens aus dem Blick zu verlieren: das Paradies. Und mit dieser Hoffnung, die nie enttäuscht, wollen wir vorangehen!

Angelusgebet am 2. November 2014

NOVEMBER

Donnerstag

10

Leo I. der Große, Justus von Rochester, Johannes Skotus

MUTTER ALLER KIRCHEN

Die Liturgie gedenkt heute des Weihetags der Lateranbasilika, der Bischofskirche Roms, welche die Tradition als »Mutter aller Kirchen der Stadt und des Erdkreises« bezeichnet. Mit dem Begriff »Mutter« ist dabei nicht so sehr der sakrale Bau der Basilika gemeint als vielmehr das Werk des Heiligen Geistes, das sich in diesem Gebäude offenbart und durch den Dienst des Bischofs von Rom in allen Gemeinden, die in der Einheit mit dieser Kirche bleiben, der er vorsteht, Frucht bringt.

Angelusgebet am 9. November 2014

Feiertag

NOVEMBER

11

MARTINSTAG
Martin von Tours, Mennas

LEBENDIGER TEMPEL

Immer wenn wir die Weihe einer Kirche feiern, wird uns eine wesentliche Wahrheit in Erinnerung gerufen: Der materielle Tempel aus Stein ist Zeichen der lebendigen und in der Geschichte wirkenden Kirche, das heißt des »geistigen Hauses«, wie der heilige Apostel Petrus sagt, von dem Christus selbst »lebendiger Stein [ist], der von den Menschen verworfen, aber von Gott auserwählt und geehrt worden ist« (1 Petr 2,4-8). Jesus hat im heutigen Evangelium vom Tempel gesprochen und dabei eine erschütternde Wahrheit offenbart: dass der Tempel Gottes nämlich nicht nur ein Gebäude aus Stein ist, sondern sein Leib, der aus lebendigen Steinen besteht. Kraft der Taufe ist jeder Christ Teil von »Gottes Bau« (1 Kor 3,9), mehr noch: er wird Kirche Gottes.

Angelusgebet am 9. November 2014

Samstag

NOVEMBER

12 Josaphat Kunzewitsch, René, Ämilian von Cogolla (Emil)

WAHRHAFT CHRIST SEIN

Das geistige Haus, die Kirche als Gemeinschaft der Menschen, die durch das Blut Christi und den Geist des auferstandenen Herrn geheiligt sind, fordert von einem jeden von uns, mit dem Geschenk des Glaubens im Einklang zu sein und einen Weg des christlichen Zeugnisses zu gehen. Und wir alle wissen, dass die Übereinstimmung zwischen Glaube und Zeugnis im Leben nicht leicht ist; doch wir müssen vorwärtsgehen und in unserem Leben diese alltägliche Konsequenz verwirklichen. »Das ist ein Christ!«, nicht aufgrund dessen, was er sagt, sondern aufgrund dessen, was er tut, aufgrund der Art und Weise, wie er sich verhält.

Angelusgebet am 9. November 2014

GLAUBEN IN LIEBE

Diese Konsequenz, die uns Leben schenkt, ist eine Gnade des Heiligen Geistes, um die wir bitten müssen. Am Anfang ihres Lebens und ihrer Sendung war die Kirche nichts anderes als eine Gemeinschaft, dazu gebildet, den Glauben an Jesus Christus zu bekennen, den Sohn Gottes und Erlöser des Menschen, einen Glauben, der durch die Liebe wirkt. Sie gehören zusammen! Auch heute ist die Kirche berufen, in der Welt die Gemeinschaft zu sein, die durch die Taufe in Christus verwurzelt ist und so demütig und mutig den Glauben an ihn bekennt, indem sie ihn in der Liebe bezeugt. Auf dieses wesentliche Ziel müssen auch die institutionellen Elemente, die Strukturen und die pastoralen Einrichtungen hingeordnet sein; auf dieses wesentliche Ziel: den Glauben in der Liebe bezeugen.

Angelusgebet am 9. November 2014

NOVEMBER

Montag

14 Alberich von Utrecht, Bernhard Letterhaus, Maria Merkert

KRAFT DES GLAUBENS

Man hat noch nie von einem traurigen Heiligen oder von einer Heiligen mit einem Gesicht wie bei einer Beerdigung gehört. Nie hat man so etwas gehört! Das wäre ein Widerspruch. Der Christ ist ein Mensch, dessen Herz von Frieden erfüllt ist, da er seine Freude auch dann in den Herrn zu setzen weiß, wenn er durch schwierige Momente in seinem Leben geht. Glauben haben bedeutet nicht, keine schwierigen Momente zu haben, sondern die Kraft zu besitzen, ihnen in dem Wissen zu begegnen, dass wir nicht allein sind. Und das ist der Friede, den Gott seinen Kindern schenkt.

Angelusgebet am 14. Dezember 2014

Dienstag

15 NOVEMBER

Albert der Große, Marinus,
Leopold III. der Fromme

DAS LICHT BEWAHREN

Wenn [...] wir Christen nach nichts mehr schmecken und unsere Gegenwart als Salz und Licht auslöschen, verlieren wir an Wirkkraft. Wie schön ist doch diese Sendung, der Welt Licht zu geben! Das ist ein Auftrag, den wir haben. Das ist schön! Es ist auch sehr schön, das Licht zu bewahren, das wir von Jesus empfangen haben, es zu behüten, zu bewahren. Der Christ sollte ein leuchtender Mensch sein, der Licht bringt, der immer Licht schenkt! Ein Licht, das nicht das seine ist, sondern das Geschenk Gottes, das Geschenk Jesu.

Angelusgebet am 9. Februar 2014

ZUR UMKEHR GELANGEN

[Lassen] wir in unserem Herzen diese Worte Jesu widerhallen: »Selig, die Frieden stiften, denn sie werden Söhne Gottes genannt werden« (Mt 5,9). Bitten wir aufrichtig um Vergebung für all die Male, in denen wir Anlass gegeben haben zur Entzweiung oder zum Unverständnis in unseren Gemeinschaften – im Wissen, dass man nur durch ständige Umkehr zur Gemeinschaft gelangt.

Generalaudienz am 27. August 2014

Gertrud von Helfta, Hilda von Whitby,
Viktoria von Córdoba

UMKEHR DES HERZENS

Was ist Umkehr? Es bedeutet, vom Herrn die Gnade zu erbitten, nicht schlecht über andere zu reden, nicht zu kritisieren, nicht zu klatschen, alle zu lieben. Es ist eine Gnade, die der Herr uns schenkt. Das bedeutet Umkehr des Herzens. Und wir wollen darum bitten, dass unser tägliches Beziehungsgefüge zu einem immer schöneren und freudigeren Abglanz der Beziehung zwischen Jesus und dem Vater werden möge.

Generalaudienz am 27. August 2014

NOVEMBER

Freitag

18

Odo von Cluny, Philippine Rose Duchesne,
Romanus von Cäsarea

DIE LAMPE DER HOFFNUNG ERHALTEN

Die christliche Hoffnung ist nicht einfach nur eine Sehnsucht, ein Wunsch, sie ist kein Optimismus. Für einen Christen ist die Hoffnung Erwartung: große, leidenschaftliche Erwartung der letzten und endgültigen Erfüllung eines Geheimnisses, des Geheimnisses der Liebe Gottes, in der wir neu geboren sind und bereits leben. Und es ist die Erwartung, dass jemand bald kommt: Es ist Christus, der Herr, der uns immer näher kommt, Tag für Tag, und der kommt, um uns endlich in die Fülle seiner Gemeinschaft und seines Friedens einzuführen. Die Kirche hat also die Aufgabe, die Lampe der Hoffnung angezündet und gut sichtbar zu erhalten.

Generalaudienz am 15. Oktober 2014

Samstag

Elisabeth von Thüringen,
Mechthild von Hackeborn

19

NOVEMBER

ZEICHEN DER GEGENWART DES HERRN

Das ist es also, was wir erwarten: dass Jesus wiederkehrt! Die Kirche als Braut erwartet ihren Bräutigam! Wir müssen uns jedoch ganz ehrlich fragen: Sind wir wirklich leuchtende und glaubwürdige Zeugen dieser Erwartung, dieser Hoffnung? Leben unsere Gemeinschaften noch im Zeichen der Gegenwart des Herrn Jesus und in der freudigen Erwartung seiner Wiederkunft oder scheinen sie müde dahinzudämmern unter der Last der Mühe und der Resignation? Laufen auch wir Gefahr, das Öl des Glaubens und das Öl der Freude zu verbrauchen?

Generalaudienz am 15. Oktober 2014

Sonntag

NOVEMBER

20

CHRISTKÖNIGSSONNTAG
Bernward von Hildesheim,
Edmund von Ostanglien, Korbinian

WIE HAT JESUS SEIN REICH VERWIRKLICHT?

Er hat es getan mit der Nähe und der zärtlichen Liebe zu uns. Er ist der Hirte, von dem der Prophet Ezechiel in der ersten Lesung zu uns gesprochen hat (vgl. 34,11-12.15-17). Dieser ganze Abschnitt ist mit Verben durchwebt, die auf die Fürsorglichkeit und die Liebe des Hirten für seine Herde hinweisen: suchen, sich kümmern, zurückholen aus der Zerstreuung, auf die Weide führen, ruhen lassen, das verloren gegangene Schaf suchen, das vertriebene zurückbringen, das verletzte verbinden, das schwache kräftigen, behüten, sorgen. Alle diese Verhaltensweisen sind in Jesus Christus Wirklichkeit geworden: Er ist wirklich der »erhabene Hirte der Schafe und Hüter unserer Seelen« (vgl. Hebr 13,20; 1 Petr 2,25).

Predigt zum Hochfest Christkönig am 23. November 2014

DEM VATER GEHORCHEN

Wie bringt nun Jesus nach seinem Sieg, das heißt nach seiner Auferstehung *sein Reich voran*? Der Apostel Paulus sagt im Ersten Brief an die Korinther: »Er muss herrschen, bis Gott ihm alle Feinde unter die Füße gelegt hat« (15,25). Der Vater ist es, der dem Sohn nach und nach alles unterwirft, und zugleich unterwirft der Sohn alles dem Vater – und am Ende sich selbst. Jesus ist kein König nach der Art dieser Welt: Für ihn ist regieren nicht kommandieren, sondern dem Vater gehorchen, sich ihm übergeben, damit sich dessen Plan der Liebe und des Heiles erfüllt. So besteht eine vollkommene Gegenseitigkeit zwischen dem Vater und dem Sohn.

Predigt zum Hochfest Christkönig am 23. November 2014

NOVEMBER

Dienstag

22

Cäcilia, Salvato Lilli, Philemon von Kolossä, Aleydis (Adelheid, Elke)

DIE ZÄRTLICHE LIEBE GOTTES

Die Zeit des Reiches Christi ist also die lange Zeitspanne, in der alles dem Sohn unterworfen und alles dem Vater übergeben wird. »Der letzte Feind, der entmachtet wird, ist der Tod« (1 Kor 15,26). Und am Ende, wenn alles unter das Königtum Jesu gestellt ist und alles, auch Jesus, dem Vater unterworfen ist, wird Gott alles in allen sein (vgl. 1 Kor 15,28).
Das Evangelium sagt uns, was das Reich Jesu von uns verlangt: Es erinnert uns daran, dass die Nähe und die zärtliche Liebe auch für uns die Lebensregel sind, und danach werden wir gerichtet werden. Das wird das Protokoll unseres Gerichtes sein.

Predigt zum Hochfest Christkönig am 23. November 2014

Mittwoch

NOVEMBER

23

Klemens I., Felicitas,
Kolumban der Jüngere

FÜR DIE GERINGSTEN BRÜDER

Es ist das große Gleichnis vom Jüngsten Gericht aus Matthäus 25. Der König sagt: »Kommt her, die ihr von meinem Vater gesegnet seid, nehmt das Reich in Besitz, das seit der Erschaffung der Welt für euch bestimmt ist. Denn ich war hungrig und ihr habt mir zu essen gegeben; ich war durstig und ihr habt mir zu trinken gegeben; ich war fremd und obdachlos und ihr habt mich aufgenommen; ich war nackt und ihr habt mir Kleidung gegeben; ich war krank und ihr habt mich besucht; ich war im Gefängnis und ihr seid zu mir gekommen« (25,34-36). Die Gerechten werden fragen: Aber wann haben wir all das getan? Und er wird antworten: »Amen, ich sage euch: Was ihr für einen meiner geringsten Brüder getan habt, das habt ihr mir getan« (Mt 25,40).

Predigt zum Hochfest Christkönig am 23. November 2014

NOVEMBER

Donnerstag

24

Albert I., Andreas Dung-Lac, Augustin Schoeffler, Flora

WERKE DER BARMHERZIGKEIT

Das Heil beginnt nicht mit dem Bekenntnis zum Königtum Christi, sondern mit der Nachahmung der Werke der Barmherzigkeit, durch die er das Reich verwirklicht hat. Wer sie vollbringt, beweist, dass er das Königtum Jesu angenommen hat, denn er hat in seinem Herzen der Liebe Gottes Raum gegeben. Am Abend des Lebens werden wir nach der Liebe, nach der Nähe und nach der Zärtlichkeit gegenüber unseren Mitmenschen gerichtet werden. Davon hängt es ab, ob wir ins Reich Gottes eingehen oder nicht, ob wir auf der einen oder der anderen Seite Platz finden.

Predigt zum Hochfest Christkönig am 23. November 2014

Katharina von Alexandrien, Nils Stensen,
Egbert, Elisabeth von Reute

DAS KOSTBARSTE TEILEN

Jesus hat uns mit seinem Sieg sein Reich geöffnet, doch es liegt an jedem von uns, dort einzutreten – schon von diesem Leben aus: Das Reich beginnt jetzt! –, indem wir uns konkret zum Nächsten unseres Bruders machen, der um Brot, Kleidung, Aufnahme, Solidarität und Katechese bittet. Und wenn wir jenen Bruder oder jene Schwester wirklich lieben, werden wir uns gedrängt fühlen, mit ihm oder ihr das Kostbarste zu teilen, was wir besitzen, nämlich Jesus selbst und sein Evangelium!

Predigt zum Hochfest Christkönig am 23. November 2014

NOVEMBER

Samstag

26

Konrad und Gebhard II. von Konstanz, Ida von Köln, Adalbert von Oberalteich

WEG DER HEILIGKEIT

Jeder Lebensstand führt zur Heiligkeit, immer! Bei dir zuhause, auf der Straße, am Arbeitsplatz, in der Kirche, in jedem Augenblick und in deinem Lebensstand steht der Weg zur Heiligkeit offen. Lasst euch nicht entmutigen, diesen Weg zu gehen. Gott selbst schenkt uns die Gnade. Nur darum bittet der Herr: dass wir in Gemeinschaft mit ihm stehen und den Brüdern dienen. An diesem Punkt kann jeder von uns sein Gewissen etwas prüfen, wir können es jetzt tun. Jeder antwortet selbst, im Innern, in der Stille: Wie haben wir bislang auf den Ruf des Herrn zur Heiligkeit geantwortet? Möchte ich gern etwas besser, christlicher werden? Das ist der Weg der Heiligkeit.

Generalaudienz am 19. November 2014

Sonntag

NOVEMBER

1. ADVENTSSONNTAG
Oda von Brabant (Ute),
Bilhildis von Altmünster

27

LIEBESGABE FÜR DIE MENSCHEN

Wenn der Herr uns einlädt, heilig zu werden, dann beruft er uns nicht zu etwas Schwerem und Traurigem ... Ganz im Gegenteil! Es ist die Einladung, an seiner Freude teilzuhaben, jeden Augenblick unseres Lebens mit Freude zu leben und darzubringen und ihn gleichzeitig zu einer Liebesgabe für die Menschen um uns zu machen. Wenn wir das verstehen, dann ändert sich alles und bekommt einen neuen Sinn, einen schönen Sinn, einen Sinn, der bei den kleinen, alltäglichen Dingen beginnt.

Generalaudienz am 19. November 2014

NOVEMBER

Montag

28

Berta von Bingen,
Gunther von Melk, Rufus

SCHRITTE ZUR HEILIGKEIT

Eine Frau geht zum Markt, um einzukaufen, und begegnet einer Nachbarin, und sie beginnen zu reden, und dann kommt der Klatsch, und diese Frau sagt: »Nein, nein, nein, ich werde über niemanden klatschen.« Das ist ein Schritt zur Heiligkeit, es hilft dir, heiliger zu werden. Zu Hause will dein Sohn dann ein wenig über das reden, was seine Phantasie beschäftigt: »Ach, ich bin so müde, ich habe heute so viel gearbeitet …« – »Setz dich hin und höre deinem Sohn zu, er braucht es!« Und du setzt sich hin, hörst ihm geduldig zu: Das ist ein Schritt zur Heiligkeit. Dann endet der Tag, wir sind alle müde, aber da ist das Gebet. Sprechen wir ein Gebet: Auch das ist ein Schritt zur Heiligkeit.

Generalaudienz am 19. November 2014

Friedrich von Regensburg,
Jutta von Heiligenthal, Jolanda von Aywières

FREI UND OFFEN WERDEN

[Am Sonntag] gehen wir in die Messe, wir empfangen die Kommunion, der manchmal eine schöne Beichte vorausgeht, die uns etwas reinigen soll. Das ist ein Schritt zur Heiligkeit. Denken wir dann an die Gottesmutter, die so gut, so schön ist, und nehmen wir unseren Rosenkranz und beten zu ihr. Das ist ein Schritt zur Heiligkeit. Dann gehe ich auf der Straße, sehe einen Armen, einen Notleidenden, ich halte inne, ich frage ihn etwas, ich gebe ihm etwas: Das ist ein Schritt zur Heiligkeit. Es sind kleine Dinge, aber viele kleine Schritte zur Heiligkeit. Jeder Schritt zur Heiligkeit macht uns zu besseren Menschen, frei vom Egoismus und von der Verschlossenheit in sich selbst und offen gegenüber den Brüdern und ihren Nöten.

Generalaudienz am 19. November 2014

NOVEMBER

Mittwoch

30

Apostel Andreas, Benjamin, Gerwald und Volker

EINLADUNG ZUR HEILIGKEIT

Im Ersten Brief des Petrus wird die Ermahnung an uns gerichtet: »Dient einander als gute Verwalter der vielfältigen Gnade Gottes, jeder mit der Gabe, die er empfangen hat. Wer redet, der rede mit den Worten, die Gott ihm gibt; wer dient, der diene aus der Kraft, die Gott verleiht. So wird in allem Gott verherrlicht durch Jesus Christus« (4,10-11). Das ist die Einladung zur Heiligkeit! Nehmen wir sie mit Freude an und unterstützen wir uns gegenseitig, denn den Weg zur Heiligkeit geht man nicht allein, jeder für sich, sondern man geht ihn gemeinsam, in dem einen Leib, der Kirche, die von Jesus Christus geliebt und geheiligt wird. Gehen wir auf diesem Weg der Heiligkeit mutig voran.

Generalaudienz am 19. November 2014

Donnerstag

01 DEZEMBER

Charles de Foucauld,
Natalie von Nikomedien, Bianca

FRIEDEN IST EIN GESCHENK

Die Weihnachtsfreude ist eine besondere Freude, aber es ist eine Freude nicht nur für den Weihnachtstag, sondern für das ganze Leben des Christen. Es ist eine zuversichtliche, ruhige Freude, eine Freude, die den Christen stets begleitet. Auch in schwierigen Augenblicken, in den Momenten großer Schwierigkeit wird diese Freude zum Frieden. Der Christ verliert niemals den Frieden, wenn er wirklich Christ ist, auch im Leid. Dieser Frieden ist ein Geschenk des Herrn.

Ansprache in der Pfarrei San Giuseppe all 'Aurelio am 14. Dezember 2014

Freitag

DEZEMBER

02

Luzius von Chur, Bibiana von Rom, Jan von Ruysbroek

DIE FREUDE FEIERN

Die christliche Freude ist ein Geschenk des Herrn. »Ah, Pater, wir haben ein schönes Essen, alle werden zufrieden sein.« Das ist schön, ein schönes großes Essen gehört dazu. Aber das ist nicht die christliche Freude, von der wir heute sprechen. Die christliche Freude ist etwas anderes. Sie veranlasst uns auch zum Feiern, das ist wahr, aber sie ist etwas anderes. Und deshalb möchte die Kirche verständlich machen, was diese christliche Freude ist.

Ansprache in der Pfarrei San Giuseppe all 'Aurelio am 14. Dezember 2014

Franz Xaver, Emma von Lesum, Johann Nepomuk von Tschiderer, Gerlind

NICHT KLAGEN

Der heilige Apostel Paulus sagt zu den Thessalonichern: »Brüder, freut euch zu jeder Zeit!« Und wie kann ich mich freuen? Er sagt: »Betet ohne Unterlass! Dankt für alles!« Die christliche Freude finden wir im Gebet, sie kommt aus dem Gebet und auch aus der Danksagung an Gott: »Danke, Herr, für viele schöne Dinge!« Aber es gibt Menschen, die Gott nicht zu danken wissen: sie suchen immer etwas, um sich zu beklagen. Ich kannte eine Ordensschwester – weit weg von hier! –, diese Schwester war gut, sie arbeitete ... Aber ihr Leben bestand darin, sich zu beklagen, über viele Dinge zu jammern, die geschahen ... Im Kloster nannten sie sie verständlicherweise »Schwester Jammer«.

Ansprache in der Pfarrei San Giuseppe all 'Aurelio am 14. Dezember 2014

Sonntag

DEZEMBER

04

2. ADVENTSSONNTAG
Barbara, Adolph Kolping,
Johannes von Damaskus

FRIEDVOLL LEBEN

Aber ein Christ darf nicht so leben, indem er immer zu klagen sucht: »Der hat etwas, das ich nicht habe, jener … Hast du gesehen, was passiert ist? …« Das ist nicht christlich! Und es tut weh, Christen mit einem verbitterten Gesicht zu sehen, mit jenem ruhelosen Gesicht der Bitterkeit, das nicht im Frieden ist. Niemals, niemals hat ein Heiliger oder eine Heilige ein Gesicht wie bei einer Beerdigung gehabt, niemals! Die Heiligen haben immer ein von Freude geprägtes Gesicht. Oder im Leiden zumindest ein von Frieden erfülltes Gesicht. Das höchste Leiden, das Martyrium Jesu: Er hatte jenes friedvolle Gesicht und sorgte sich um die anderen: die Mutter, Johannes, den guten Schächer … er sorgte sich um die anderen.

Ansprache in der Pfarrei San Giuseppe all 'Aurelio am 14. Dezember 2014

Montag

05 DEZEMBER

Anno II. von Köln, Philipp Rinaldi,
Hartwig von Salzburg

DANK SAGEN

Um [die] christliche Freude zu haben: erstens beten, zweitens danken. Und wie mache ich das: Dank sagen? Erinnere dich an dein Leben und denk an die vielen guten Dinge, die das Leben dir geschenkt hat: so viele. »Aber Pater, das ist wahr, aber ich hab so viel Schlechtes empfangen!« – »Ja, das ist wahr, das passiert allen! Aber denk an das Gute!« – »Ich hatte eine christliche Familie, christliche Eltern, Gott sei Dank habe ich eine Arbeit, meine Familie leidet keinen Hunger, wir sind alle gesund …« Ich weiß nicht, viele Dinge, und dem Herrn dafür Dank sagen. Und das macht uns vertraut mit der Freude.

Ansprache in der Pfarrei San Giuseppe all 'Aurelio am 14. Dezember 2014

Dienstag

DEZEMBER

06

NIKOLAUS
Nikolaus von Myra, Henrika Faßbender, Donysia, Zefanja

WIR SIND GESALBTE

Wir sind Christen. »Christen« kommt von »Christus« und Christus bedeutet »Gesalbter«. Und wir sind »gesalbt«: Der Geist des Herrn ruht auf mir, denn der Herr mich gesalbt. Wir sind gesalbt: Christ sein bedeutet »gesalbt« sein. Und wozu sind wir gesalbt? Um was zu tun? »Er hat mich gesandt, damit ich eine frohe Botschaft bringe.« Wem? »Den Armen«, »damit ich alle heile, deren Herz zerbrochen ist, damit ich den Gefangenen die Entlassung verkünde und den Gefesselten die Befreiung, damit ich ein Gnadenjahr des Herrn ausrufe« (vgl. Jes 61,1-2).

Ansprache in der Pfarrei San Giuseppe all 'Aurelio am 14. Dezember 2014

WAHRE FREUDE ERLEBEN

[Es] ist die Berufung Christi und auch die Berufung der Christen. Zu den anderen zu gehen, zu den Bedürftigen, sowohl materielle als auch geistliche Bedürfnisse ... So viele leiden wegen familiärer Probleme unter Angst ... Den Frieden dorthin bringen, die Salbung Jesu bringen, jenes Öl Jesu, das so gut tut und die Seelen tröstet. Also, um bei der Vorbereitung auf Weihnachten diese Freude zu haben, erstens: beten. »Herr, möge ich dieses Weihnachten mit der wahren Freude erleben!« Nicht mit der Freude des Konsumismus, der uns alle sehr besorgt zum 24. Dezember führt.

Ansprache in der Pfarrei San Giuseppe all 'Aurelio am 14. Dezember 2014

Donnerstag

DEZEMBER

08

MARIÄ UNBEFLECKTE EMPFÄNGNIS
Elfriede, Edith und Sabina

MARIA

O Maria, unsere Mutter,
heute verehrt dich das feiernde Volk
als die Unbefleckte,
die von jeher von der Ansteckung durch die Sünde
bewahrt worden ist.

Nimm die Ehrung an, die ich dir darbringe im
Namen der Kirche in Rom und
in der ganzen Welt.
Das Wissen, dass du, unsere Mutter,
ganz frei von Sünde bist,
schenkt uns großen Trost.

Gebet an der Mariensäule auf dem Spanischen Platz
am 8. Dezember 2014

Juan Diego Cuauhtlatoatzin,
Liborius Wagner, Pierre Fourier

O MARIA, UNSERE MUTTER

Das Wissen, dass das Böse über dich keine Macht hat,
erfüllt uns mit Hoffnung und Stärke
im täglichen Kampf, den wir gegen die Bedrohungen
Satans führen müssen.

Doch in diesem Kampf sind wir nicht allein,
wir sind keine Waisen,
denn Jesus hat uns dich vor seinem Tod am Kreuz
zur Mutter gegeben.

Gebet an der Mariensäule auf dem Spanischen Platz
am 8. Dezember 2014

Samstag

DEZEMBER

10

Angelina von Kruseldol,
Bruno von Rommersdorf, Petrus

MARIA, MUTTER GOTTES

Wir aber sind deine Kinder,
obwohl wir Sünder sind,
Kinder der unbefleckt empfangenen Jungfrau,
berufen zu jener Heiligkeit, die in dir
durch die Gnade Gottes von
Anbeginn erglänzt.

Beseelt von dieser Hoffnung
beten wir heute um deinen mütterlichen Schutz für
uns, für unsere Familien,
für diese Stadt, für die ganze Welt.

Gebet an der Mariensäule auf dem Spanischen Platz
am 8. Dezember 2014

MARIA, UNSERE FÜRSPRECHERIN

Die Macht der Liebe Gottes,
der dich vor der Erbsünde bewahrt hat,
befreie durch deine Fürsprache die Menschheit von
jeder geistlichen und materiellen Knechtschaft
und lasse in den Herzen und in den
Ereignissen den Heilsplan Gottes siegen.

Bewirke, dass auch in uns, deinen Kindern,
die Gnade stärker ist als der Stolz,
so dass wir barmherzig werden können,
wie unser Vater im Himmel barmherzig ist.

*Gebet an der Mariensäule auf dem Spanischen Platz
am 8. Dezember 2014*

DEZEMBER

Montag

12

Hartmann von Brixen,
Dietrich von Kremsmünster, Ida von Nivelles

MARIA

Lehre uns in dieser Zeit, die uns zum Fest
der Geburt Jesu führt,
gegen den Strom zu schwimmen:
uns zu entäußern, uns zu erniedrigen, uns zu schenken, zu hören, in der Stille zu sein,
uns selbst aus dem Mittelpunkt zu nehmen,
um der Schönheit Gottes Raum zu lassen,
Quell der wahren Freude.
Unsere Mutter, unbefleckt Empfangene,
bitte für uns!

Gebet an der Mariensäule auf dem Spanischen Platz am 8. Dezember 2014

Dienstag

13 DEZEMBER

Luzia, Odilia (Ottilie), Jodok (Jobst, Jost), Benno Koglbauer

BETEN UND DANKEN

»Ach, mir fehlt dies und mir fehlt jenes ...« Nein, das ist nicht die Freude Gottes. Beten. [...], dem Herrn Dank sagen für das Gute, das er uns geschenkt hat [...], darüber nachdenken, wie ich auf die anderen zugehen kann, auf jene, die Schwierigkeiten, Probleme haben – denken wir an die Kranken, an viele Probleme –, um ein wenig Salbung, Frieden, Freude zu bringen. Das ist die Freude des Christen.

Ansprache in der Pfarrei San Giuseppe all 'Aurelio am 14. Dezember 2014

DEN FRIEDEN BRINGEN

Danken wir Gott für die vielen Dinge, die er uns geschenkt hat, an erster Stelle den Glauben. Dieser ist eine große Gnade. [...] Denken wir darüber nach, wohin ich gehen kann, um ein wenig Trost, Frieden zu denen zu bringen, die leiden. Gebet, Dank und Hilfe für die anderen. Und so werden wir das Geburtsfest des Gesalbten, Christi, erreichen, gesalbt von Gnade, Gebet, Danksagung und Hilfe für die anderen. Die Muttergottes möge uns auf diesem Weg zum Weihnachtsfest begleiten. Aber die Freude, die Freude!

Ansprache in der Pfarrei San Giuseppe all 'Aurelio
am 14. Dezember 2014

VERHEISSUNG FINDEN

Das Herz des Menschen ersehnt die Freude. Wir alle sehnen uns nach Freude, jede Familie, jedes Volk strebt nach Glück. Doch was ist das für eine Freude, die zu leben und zu bezeugen der Christ berufen ist? Es ist jene Freude, die aus der *Nähe Gottes* hervorgeht, aus seiner *Gegenwart* in unserem Leben. Seit Jesus mit seiner Geburt in Betlehem in die Geschichte eingetreten ist, hat die Menschheit den Keim des Reiches Gottes empfangen, wie ein Erdboden, der den Samen empfängt, Verheißung der künftigen Ernte.

Angelusgebet am 14. Dezember 2014

16 Adelheid (Elke),
Dietrich von Rommersdorf, Noah

JESUS IST UNSERE FREUDE

Es ist nicht mehr notwendig, anderswo zu suchen! Jesus ist gekommen, um allen für immer die Freude zu bringen. Es handelt sich nicht um eine nur erhoffte oder auf das Paradies verschobene Freude: hier auf Erden sind wir traurig, aber im Paradies werden wir freudig sein. Nein! Das ist nicht diese Freude, sondern eine bereits jetzt wirkliche und erfahrbare Freude, denn *Jesus selbst ist unsere Freude*, und mit Jesus ist die Freude bei uns zu Hause.

Angelusgebet am 14. Dezember 2014

Samstag

17 DEZEMBER

Jolanda von Marienthal,
Wiwina von Brüssel (Vivina)

ZEIT SCHENKEN

Ich erlaube mir, euch zu ermahnen, dieses Weihnachtsfest in einen echten Anlass zu verwandeln, jede Wunde zu »behandeln« und sich von jeder Verfehlung »heilen« zu lassen. Daher fordere ich euch auf: – euer geistliches Leben zu pflegen, eure Beziehung zu Gott, denn das ist das Rückgrat all dessen, was wir tun, und all dessen, was wir sind. Ein Christ, der sich nicht vom Gebet, den Sakramenten und dem Wort Gottes ernährt, verwelkt unweigerlich und vertrocknet: das geistliche Leben pflegen; – euer Familienleben zu pflegen, indem ihr euren Kindern und Familienangehörigen nicht nur Geld gebt, sondern vor allem Zeit, Aufmerksamkeit und Liebe; – eure Beziehungen zu den anderen zu pflegen, indem ihr den Glauben in Leben und die Worte in gute Werke verwandelt.

Ansprache zum Weihnachtsempfang mit den Vatikanangestellten am 22. Dezember 2014

Sonntag

DEZEMBER

18

4. ADVENTSSONNTAG
Philipp von Ratzenburg,
Desiderius von Fontenelle

HEILEN UND HEILEN LASSEN

Die Wunden des Herzens mit dem Öl der Vergebung zu heilen, indem wir den Menschen vergeben, die uns verletzt haben, und die Wunden behandeln, die wir den anderen zugefügt haben; – für eure Arbeit zu sorgen, indem ihr sie mit Begeisterung erfüllt, mit Demut, Kompetenz, Leidenschaft und einem Geist, der dem Herrn zu danken weiß; – sich heilen zu lassen von Neid, Gier, Hass und negativen Haltungen, die unseren inneren Frieden verzehren und uns in zerstörte und zerstörerische Menschen verwandeln.

Ansprache zum Weihnachtsempfang mit den Vatikanangestellten am 22. Dezember 2014

Montag

Konrad von Liechtenau, Petrus von Arolsen,
Susanna, Benjamin

19 DEZEMBER

ACHTSAM LEBEN

Vom Groll geheilt zu werden, der uns zur Rache führt, und von der Faulheit, die uns zu einer existenziellen Euthanasie führt, davon, mit dem Finger auf andere zu zeigen, was uns zum Hochmut führt, und von dem beständigen Klagen, das uns zur Verzweiflung führt.
Ich weiß, dass man manchmal, um die Arbeit zu behalten, schlecht über einen spricht, um sich zu verteidigen.
Ich verstehe diese Situationen, aber das endet nicht gut. Letztendlich werden wir alle untereinander zerstört sein, und das soll nicht sein, das nützt nichts. Vielmehr müssen wir vom Herrn die Weisheit erbitten, uns rechtzeitig auf die Zunge zu beißen, um keine beleidigenden Worte zu sagen, die einen bitteren Nachgeschmack haben.

Ansprache zum Weihnachtsempfang mit den Vatikanangestellten am 22. Dezember 2014

Dienstag

DEZEMBER

20 Hoger von Bremen-Hamburg, Regina Hueter, Heinrich Egher

DAS FEST DER FREUDE

Wir müssen dafür sorgen, dass das heilige Weihnachtsfest nie ein Fest des kommerziellen Konsums wird, des äußeren Scheins oder der nutzlosen Geschenke oder auch der überflüssigen Verschwendung, sondern dass es das Fest der Freude darüber sein möge, den Herrn in der Krippe und im Herzen aufzunehmen. Sorge tragen. Für viele Dinge Sorge tragen. [...] Die Familie ist ein Schatz, die Kinder sind ein Schatz. Eine Frage, die die jungen Eltern sich stellen können: »Habe ich Zeit, um mit meinen Kindern zu spielen, oder bin ich immer beschäftigt und habe keine Zeit für die Kinder?« Ich überlasse euch die Frage. Mit den Kindern spielen: das ist so schön. Und es bedeutet, Zukunft zu säen.

Ansprache zum Weihnachtsempfang mit den Vatikanangestellten am 22. Dezember 2014

Mittwoch

WINTERANFANG
Micha, Richard von Adwerth

21 DEZEMBER

BEZIEHUNGEN PFLEGEN

Stellen wir uns vor, wie unsere Welt sich ändern würde, wenn jeder von uns jetzt und hier beginnen würde, sich ernsthaft um sich zu kümmern und großherzig seine Beziehung zu Gott und zum Nächsten zu pflegen, wenn wir die goldene Regel des Evangeliums in die Praxis umsetzen würden, die Jesus in der Bergpredigt vorschlägt: »Alles, was ihr also von anderen erwartet, das tut auch ihnen! Darin besteht das Gesetz und die Propheten« (Mt 7,12). Wenn wir mit dem Blick der Güte und der Zärtlichkeit – so wie Gott uns anblickt, uns erwartet und uns vergibt – den Anderen anblicken würden, besonders den Bedürftigsten. Wenn wir in der Demut unsere Kraft und unseren Schatz finden würden! Und sehr häufig haben wir Angst vor der Zärtlichkeit, haben wir Angst vor der Demut!

Ansprache zum Weihnachtsempfang mit den Vatikanangestellten am 22. Dezember 2014

Donnerstag

DEZEMBER

22

Jutta von Sponheim,
Marian der Schotte

WAHRE WEIHNACHT

Das ist das wahre Weihnachten: das Fest der Armut Gottes, der sich entäußert hat und wie ein Sklave wurde (vgl. Phil 2,6), das Fest Gottes, der am Tisch bedient (vgl. Lk 12, 37), das Fest Gottes, der sich vor den Weisen und Klugen verbirgt und sich den Kleinen, Einfachen und Armen offenbart (vgl. Mt 11,25), das Fest »des Menschensohns, der nicht gekommen ist, um sich dienen zu lassen, sondern um zu dienen und sein Leben hinzugeben als Lösegeld für viele« (Mk 10,45). Aber es ist vor allem das Fest des Friedens, der vom Jesuskind auf die Erde gebracht wurde: »Friede zwischen Himmel und Erde, Friede zwischen den Völkern, Friede in unseren Herzen« (Liturgischer Hymnus), der von den Engeln besungene Friede: »Ehre sei Gott in der Höhe und Friede auf Erden den Menschen seiner Gnade« (vgl. Lk 2,14).

Ansprache zum Weihnachtsempfang mit den Vatikanangestellten am 22. Dezember 2014

Freitag

23 DEZEMBER

Johannes von Krakau, Viktoria von Rom,
Dagobert II., Ivo von Chartes

HERZENSWÄRME SCHENKEN

Der Friede, der unsere Begeisterung braucht, unsere Sorge, um die kalten Herzen zu erwärmen, um die verzagten Seelen zu ermutigen und um die erloschenen Augen mit dem Licht des Antlitzes Jesu zu erleuchten! Mit diesem Frieden im Herzen möchte ich euch und all eure Familienangehörigen grüßen. Auch ihnen möchte ich Dank sagen und sie umarmen, vor allem eure Kinder und besonders die Kleinsten!

Ansprache zum Weihnachtsempfang mit den Vatikanangestellten am 22. Dezember 2014

DAS LICHT DES HERRN

»Das Volk, das im Dunkel lebt, sieht ein helles Licht; über denen, die im Land der Finsternis wohnen, strahlt ein Licht auf« (Jes 9,1). »Da trat der Engel des Herrn zu ihnen [den Hirten] und der Glanz des Herrn umstrahlte sie« (Lk 2,9). So stellt uns die Liturgie in dieser heiligen Weihnacht die Geburt des Heilands vor Augen: als Licht, das die tiefste Dunkelheit durchdringt und sie auflöst. Die Gegenwart des Herrn mitten in seinem Volk nimmt die Last der Niederlage und die Traurigkeit der Knechtschaft und schafft Freude und Glück.

Predigt zum Hochfest der Geburt des Herrn am 24. Dezember 2014

Sonntag

GEBURT DES HERRN,
WEIHNACHTEN
Eugenia, Anastasia

25

DEZEMBER

DIE HERZEN ÖFFNEN

Auch wir sind in dieser Heiligen Nacht durch die Finsternis, welche die Erde umhüllt, zum Haus Gottes gekommen, aber wir waren geleitet von der Flamme des Glaubens, die unsere Schritte erleuchtet, und beseelt von der Hoffnung, das »helle Licht« zu finden. Wenn wir unser Herz öffnen, haben auch wir die Möglichkeit, das Wunder jenes Kindes zu betrachten, das wie die Sonne aufstrahlt aus der Höhe und den Horizont erhellt.

Predigt zum Hochfest der Geburt des Herrn am 24. Dezember 2014

DEZEMBER

Montag

26

2. WEIHNACHTSTAG
A: STEFANITAG
Erzmärtyrer Stephanus, Richlind

WARTEN LERNEN

Der Ursprung der Finsternis, von der die Welt umhüllt ist, verliert sich in der Nacht der Zeiten. Denken wir an den dunklen Moment zurück, in dem das erste Verbrechen der Menschheit begangen wurde, als Kain, blind vor Neid, seinen Bruder Abel erschlug (vgl. Gen 4,8). So war der Lauf der Jahrhunderte gezeichnet von Gewalt, Krieg, Hass und Unterdrückung. Gott aber, der auf den Menschen seine Erwartungen setzte – er hatte ihn ja als sein Abbild und ihm ähnlich erschaffen –, er wartete.

Predigt zum Hochfest der Geburt des Herrn am 24. Dezember 2014

Evangelist Johannes,
Fabiola von Rom, Rudger

HEILIGE FAMILIE

Das Evangelium stellt uns heute Maria und Josef vor, die das Jesuskind in den Tempel bringen und dort zwei alten Menschen begegnen, Simeon und Hanna, die über das Kind prophezeien. Es ist das Bild einer »Großfamilie«, ein wenig wie eure Familien, wo die verschiedenen Generationen einander begegnen und sich gegenseitig helfen. [...]
Ihr seid gekommen mit den schönsten Früchten eurer Liebe. Mutterschaft und Vaterschaft sind ein Geschenk Gottes, aber dieses Geschenk anzunehmen, über seine Schönheit zu staunen und es in der Gesellschaft erstrahlen zu lassen, das ist eure Aufgabe. Jedes eurer Kinder ist ein einmaliges Geschöpf, das sich in der Geschichte der Menschheit niemals wiederholen wird.

Ansprache an kinderreiche Familien am 28. Dezember 2014

Mittwoch

DEZEMBER

28

UNSCHULDIGE KINDER
Hermann und Otto von Niederaltaich, Julius von Rom

FRUCHT DER LIEBE

Wenn man das versteht, das heißt, dass jeder von Gott gewollt ist, dann staunt man darüber, was für ein großes Wunder ein Kind ist! Ein Kind verändert das Leben! Alle haben wir gesehen – Männer, Frauen –, dass das Leben sich ändert, wenn ein Kind da ist, es ist etwas anderes. Ein Kind ist ein Wunder, das ein Leben verändert. Ihr, die Kinder, Mädchen und Jungen, seid genau dies: Jeder von euch ist einzigartige Frucht der Liebe, ihr kommt aus der Liebe und wachst in Liebe heran. Ihr seid einzigartig, aber nicht allein! Und die Tatsache, dass ihr Brüder und Schwestern habt, tut euch gut.

Ansprache an kinderreiche Familien am 28. Dezember 2014

Donnerstag

Thomas Becket, Tamar(a), Lothar I.,
David, Isai (Jesse)

29 DEZEMBER

IN GEMEINSCHAFT LEBEN

Söhne und Töchter einer kinderreichen Familie sind von den ersten Kindertagen an fähiger zur brüderlichen Gemeinschaft. In einer häufig von Egoismus gekennzeichneten Welt ist die kinderreiche Familie eine Schule der Solidarität und des Teilens; und diese Haltungen kommen dann der gesamten Gesellschaft zugute.
Kinder und Jugendliche sind die Früchte des Baumes, der die Familie ist: ihr seid gute Früchte, wenn der Baum gute Wurzeln hat – das sind die Großeltern – und einen guten Stamm – das sind die Eltern. […]
Die große Menschheitsfamilie ist wie ein Wald, wo die guten Bäume Solidarität, Gemeinschaft, Vertrauen, Unterstützung, Sicherheit, glückliche Einfachheit, Freundschaft hervorbringen.

Ansprache an kinderreiche Familien am 28. Dezember 2014

Freitag

DEZEMBER

30

FEST DER HEILIGEN FAMILIE
Richard von Arnsberg, Felix I.,
Sabinus von Spoleto, Germar von Fly

DEN GLAUBEN WEITERGEBEN

Die Präsenz kinderreicher Familien ist eine Hoffnung für die Gesellschaft. Daher ist die Gegenwart der Großeltern sehr wichtig: eine kostbare Gegenwart sowohl wegen der praktischen Hilfe als auch vor allem wegen des erzieherischen Beitrags. Die Großeltern bewahren in sich die Werte eines Volkes, einer Familie, und sie helfen den Eltern, sie an die Kinder weiterzugeben. Im letzten Jahrhundert waren es in vielen Ländern Europas die Großeltern, die den Glauben weitergegeben haben.

Ansprache an kinderreiche Familien am 28. Dezember 2014

Samstag

SILVESTER
Silvester I., Melanie die Jüngere,
Apollonia Rademecher

31 DEZEMBER

FREIHEIT DES WEGES

Das Jahr abzuschließen bedeutet, erneut zu [bedenken], dass es eine »letzte Stunde« gibt und dass es die »Fülle der Zeit« gibt. Beim Abschluss dieses Jahres, beim Dank und bei der Bitte um Vergebung wird es für uns gut sein, die Gnade zu erbitten, in Freiheit den Weg zu gehen, um so die vielen begangenen Fehler wiedergutmachen zu können und uns vor der Sehnsucht nach der Sklaverei zu hüten, uns davor zu hüten, die Sklaverei zum »Objekt unserer Sehnsucht« zu machen.

Predigt zum Jahresschluss am 31. Dezember 2014

Bibliografische Information der Deutschen Nationalbibliothek
Die Deutsche Nationalbibliothek verzeichnet diese Publikation in der Deutschen Nationalbibliografie; detaillierte bibliografische Daten sind im Internet über http://dnb.d-nb.de abrufbar.

Besuchen Sie uns im Internet unter:
www.st-benno.de

Gern informieren wir Sie unverbindlich und aktuell auch in unserem Newsletter zum Verlagsprogramm, zu Neuerscheinungen und Aktionen. Einfach anmelden unter www.st-benno.de.

ISBN 978-3-7462-4366-5

Zusammengestellt von Volker Bauch, Leipzig
Umschlaggestaltung: Ulrike Vetter, Leipzig
Umschlagfoto: © Picture Alliance/Pressefoto Ulmer
Gesamtherstellung: Kontext, Lemsel (A)

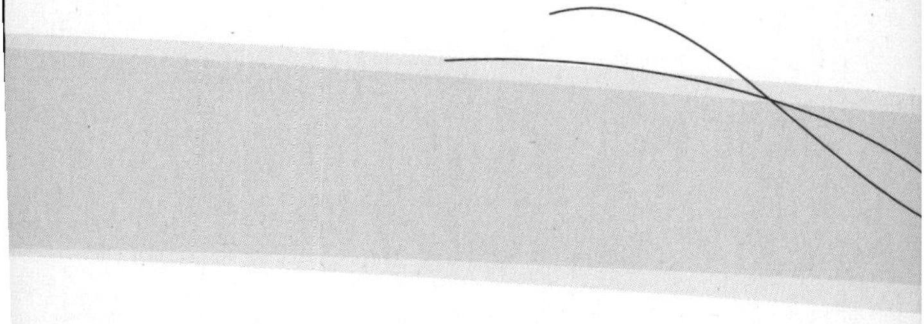

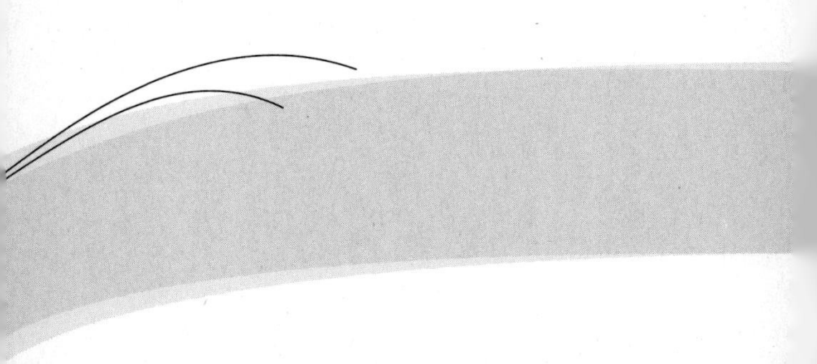